갈보리 언덕

로이 헷숀 지음
장 기 순 옮김

기독교문서선교회

기독교문서선교회(Christian Literature Center: 약칭 **CLC**)는 1941년 영국 콜체스터에서 켄 아담스에 의해 시작되었으며 국제 본부는 영국의 쉐필드에 있습니다.

국제 CLC는 59개 나라에서 180개의 본부를 두고, 약 650여 명의 선교사들이 이동도서차량 40대를 이용하여 문서 보급에 힘쓰고 있으며 이메일 주문을 통해 130여 국으로 책을 공급하고 있습니다.

한국 CLC는 청교도적 복음주의 신학과 신앙서적을 출판하는 문서선교 기관으로서, 한 영혼이라도 구원되길 소망하면서 주님이 오시는 그날까지 최선을 다할 것입니다.

The Calvary Road

Written by
Roy Hession

Translated by
Kie Soon Jang

Copyright © 2004 by Roy Hession
Originally published in English under the title as
The Calvary Road
by The Roy Hession
Translated and used by permission of
The Roy Hession Book Trust, 3 Florence Road,
Bromley, Kent BR1 3NU, England.

All rights reserved.

Korean Edition
Copyright © 2012, 2016 by Christian Literature Center
Seoul, Korea

저자 서문

이 작은 책은 23년 전에 처음 출판되었습니다. 저는 해가 바뀜에 따라 하나님의 몸된 교회가 심령적으로 메마르고 새로운 생활이 요구될 때에 우리의 심령을 새롭게 변화시킨 부흥운동이 이 책에 기록된 것을 확신합니다.

심령을 새롭게 하는 부흥운동은 지나간 과거의 영광스러운 회상으로 끝나는 것이 아닙니다. 지금 이 순간에도 세계의 각처에서 일어나야 하는 것입니다. 물론 표면적으로 볼 때, 심령이 새로워지는 부흥운동이 시간과 장소에 따라 다르겠지만 모든 인간의 내적인 영원한 만족은 항상 같은 것입니다.

예를 들면, 목회자들이 죄에 대한 새로운 체험을 갖는 것, 예수님의 십자가와 구원에 대한 새로운 비전을 갖는 것, 참 회개와 고백 그리고 깨어진 자아를 하나님께 드리고 복종하는 것, 죄로 말미암아 상처받고 잃었던 모든 것을 치료받고 깨끗함을 받을 수 있는 예수 그리스도의 보혈의 능력과 체험, 하나님의 종을 통하여 성령의 충만함과 힘을 얻어 하나님의 일을 능력 있게 할 수 있는 것, 하나님을 멀리 떠났던 사람이 다시 주님께로 돌아오는 것 등은 변함이 없다는 것입니다.

현재 이와 같은 사건들이 세계 각처에서 일어나고 있습니다. 이 책을 통하여 오늘을 사는 독자들에게 특별한 영적 축복이 임하기를 바랍니다. 그리고 하나님의 축복으로 사람들이 인생의 허무함과 연약함을 깨닫고 심령이 새로워지는 선물을 받고 그리스도의 십자가 아래로 돌아오리라고 확신합니다.

우리의 심령이 새로워진다는 것은 저 산골의 풀잎이 더욱 푸르러진다는 것이 아니고 메마른 해골로 가득찬 골짜기(겔 37장)가 변화하는 것을 의미합니다. 죽었던 해골들이 일어서고 다시 살아서 용감하고 씩씩하게 전진하는 군대가 된다는 것을 뜻합니다.

이것은 현대의 그리스도인이 더욱 진실한 그리스도인이 된다는 것이 아닙니다. 하나님께서 우리들을 보실 때 누구도 진실한 신자가 아닙니다. 그러나 그리스도인이 솔직하게 우리의 신앙생활이 산골짜기의 메마른 해골과 같다고 고백할 때, 모든 것이 새로워지고 또 십자가로부터 은혜가 흘러넘칩니다.

이 작은 책에 부흥운동의 핵심이 기록되어 있습니다. 그것은 이 책을 통하여 부흥운동을 일으킬 수 있기 때문입니다. 여러 해 전, 그러니까 1930년에 하나님께서 동아프리카 앙골라 공화국의 루안다에 있는 개척교회에 새로운 방법으로 역사하셨습니다.

이 개척교회 안에는 신실한 교인들이 적었습니다. 그러나 하나님께서는 '썩어진 씨앗'들을 새롭게 변화시켜 영광스러운 열매를 맺도록 하셨습니다. 이 부흥의 불길이 해가 거듭할수록 '우간다', '케냐' 그리고 '탄자니아' 등 이웃나라 교회에 번지기 시작하였습니다. 수많은 아프리카 사람들, 선교사들 사이에도 예수 그리스도를 개인의 구주로 이미 영접한 사람뿐만 아니라 유럽에서도 가장 독실한 보수주의 교회에서도 이 뜨거운 신앙의 체험을 통하여 새로운 삶을 살기 시작한 것입니다. 그 당시의 부흥운동이 동아프리카에 지금까지 계속되고 있습니다.

저는 1947년부터 몇 해 동안 영국에서 복음 전하는 일을 했습니다. 그러나 성령의 능력도 없이 계속해서 많은 예배모임을 지도했을 때의 괴로운 체험을 잊을 수 없습니다. 예언자 엘리사의 생도가 나무를 벨 때 그의 도끼 머리를 잃어버린 것과 같았습니다. 사람들은 도끼 자루만 가지고 계속 나무를 자르면서도 어찌하여 나무가 베어지지 않을까 하는 의문을 품을 것입니다. 결국 무의식적으로 저는 저의 힘과 노력이 두 배나 든다는 것과 또한 힘과 노력이 더 필요했는데 그 원인은 바로 나약한 저 자신이 성령에 의한 통찰력의 힘이 없었던 것입니다. 물론 지금 제 자신의 과거를 돌아볼 때 저는 이렇게 그때의 상황을 말할 수 있습니다. 그 당시 저는 "성령의 역사를 모르는 불쌍한 인생이었다"라고 고백하는 것입니다.

1947년 4월, 저는 몇몇 선교사를 동부 아프리카에 초청하여 제가 당시에 지도하고 있던 크리스천 모임에서 '부활절' 설교를 청탁하였습니다. 제가 이 선교사들을 특별히 초청한 것은 이분들이 오랫동안 신앙의 부흥을 실제로 체험하였다는 말을 듣고 있었기 때문입니다. 사실 저는 '부흥운동'에 깊은 관심을 가지고 있었습니다. 선교사들은 제가 그때까지 부흥운동을 해

석하는 방법과는 전혀 다른 방법으로 부흥운동을 이해하였습니다.

그때까지의 부흥은 개우 단순하고 조용한 것이었습니다. 그러나 선교사들이 예수님의 말씀을 외치면서 간증하는 것을 들을 때, 저는 제 자신이 누구보다도 먼저 성령의 축복을 받아야 하겠다는 필요성을 절실히 깨닫게 되었습니다. 그것은 제가 이때까지 체험하던 것보다 한층 더 간절한 느낌이었습니다. 그러나 이 체험은 저의 개인적인 느낌이었습니다. 즉 제 자신이 말씀을 증거하는 사람으로서 제 자신의 필요보다는 다른 사람들의 영적 필요에 더 관심을 두었습니다. 그때에 나의 아내와 모임에 모인 사람들이 모두 겸손한 마음으로 하나님 앞에서 주님의 귀하고 깨끗한 피로써 성결함을 받고 기뻐하는 것을 볼 때, 저는 제 자신만이 외로이 높은 곳에서 메마른 채 있는 것을 체험하였습니다. 실제로 저는 메마른 상태에 있었습니다(왜냐하면 나는 높은 곳에 있었으니까요). 나는 또한 주님의 말씀이 너무도 간단하고 단순한 것임을 깨닫고 그 당시 매우 당황하였습니다. 다시 말하면 성령의 충만함을 받고 영적 부흥을 위하여 해야 할 일이 너무 단순하다는 것을 깨달았습니다. 저는 이때까지 이 사실을 몰랐기 때문에 실패하였습니다.

모임이 끝날 무렵 모임에 참석했던 사람들이 주님께서 어떻게 그들도 십자가 앞에 복종케 하시고 그들의 마음에 성령의 은사를 주셨는가를 간증할 때, 저는 아무 간증도 말 한 마디도 할 수 없었습니다. 그의 교리에 자신을 맞추어 보려는 노력을 포기하고 저의 모든 죄 사함을 받기 위하여 겸손하게 주님의 십자가 앞에 찾아간 것은 그 모임 후의 일이었습니다. 그것은 마치 제가 그리스도인의 생활을 처음 시작하는 것과 같았습니다. 저는 '나아만' 장군이 겸손하게 '요단' 강물에 잠기면서 "나의 육신이 다시 어린 아이와 같이 되었도다"라고 고백하던 심정을 이때에 체험하였습니다(왕하 5:14).

그 이후로 저의 생활은 전과는 전혀 다른 새로운 출발을 하게 되었습니다. 그러나 저는 항상 큰 '나' 자신이 주 앞에서 죽는 길을 취하였습니다. 즉 큰 '나'란 나의 주인이신 그리스도를 의미합니다. 나는 항상 주님의 귀한 보혈에 깨끗함을 받기 때문에 주님을 한시도 떠날 수 없었습니다. 그러기에 내 생활은 새 출발을 한 것입니다.

그 당시 영적으로 체험한 사건들을 몇 달 동안 크리스천 신문에 연재하고 그 후 이 내용들을 모두 수집하여 이 책을 출판한 것입니다. 몇 년 동안 이 책의 출판이 계속되었습니다. 영어를 사용하는 나라 외에 40여 개국에 번역이 되었습니다. 이 사실을 보고 우리들만큼 놀란 사람은 없었을 것입니다.

   이 책이 널리 알려진 것은 단순히 세계의 모든 그리스도인이 메말라 있었다는 증거이며, 또 예수님은 살아계셔서 지속 사람들의 마음을 움직이고 있다는 증거입니다.

   시편 102:13 말씀에 "지금은 그를 긍휼히 여기실 때라. 정한 기한이 옴이니이다"고 하였습니다. 진실로 하나님의 목적은 무너진 예루살렘을 다시 건설하는 것입니다. 이 책이 나오기까지 몇 사람의 수고로만 출판된 것이라고 생각해서는 안 됩니다. 이 책에 기록된 말씀들은 세계 각처에서 '새로운 십자가의 길'을 걷기 시작한 많은 형제들과의 교제 가운데서 배운 것입니다. 아마 그 당시 그 모임에 참석한 형제라면 누구든지 이 글을 저와 똑같이 쓸 수 있었을 것입니다.

   오늘날 각 나라에서 부흥운동으로 감화를 받고 은혜받은 사람의 수가 증가하고 있습니다. 이렇게 계속적으로 증가하는 사람들도 이 책에서 기록된 내용의 뜻과 힘을 통하여 더욱 부흥의 사실을 알려줄 것을 믿습니다.

하나님께서는 여러 곳의 갈급한 사람들에게 역사하셨습니다. 영적 체험을 한 사람들의 간증은 다른 사람들에게 기갈을 갖게 하고 드디어 그들도 십자가의 길로 가게 하였습니다. 이리하여 하나님의 성령의 은혜는 생명에서 생명으로 전해졌습니다.

> 산에서 흐르는 작은 물줄기가
> 산골짜기를 따라 강을 이루듯
> 그리스도의 십자가 언덕으로부터 흐르는
> 삶의 생명수는
> 풍성하고 영원합니다.

몇 년 전에 이 책에 실린 부흥에 대한 정의와 내용, 그리고 영적 체험의 설명에 대해서 "황홀하고 특별한 신앙적인 기적-많은 사람들이 주님께로 돌아간 것-을 부흥이라고 합니까?"라고 한 독자가 물어왔습니다. 웬일인지 저는 이 질문에 대해 동의하고 따를 수가 없었습니다. 오히려 몇 년 동안 제가 배운 체험들을 조심스럽게 설명하고 강조하고 싶었습니다.

이 책에 쓴 글은 가장 중요한 영적 부흥의 요소입니다. 만일 이 요소가 널리 보급되고 깊이 사용되었다면 그 결과는 결국 교회 안에 가장 큰 영적 부흥일 것입니다. 이 책의 뜨거운 메아리가 멀리 전파되어 가는 만큼 주님의 십자가 앞에서 깨어지는 사람들이 많아질 것입니다. 또한 누구든지 그들 자신을 주님의 손 안에서 십자가 앞에서 죄 용서함을 받고 겸손하게 될 때 그들에게 있어 가장 진실하고 단순한 그리스도인의 생활에 부흥이 임할 것입니다.

물론 지금 여러 모양으로 영적 부흥이 많은 사람의 심장에, 모임 안에, 많은 교회 안에 그리고 많은 나라에서 팽창의 교두보가 되고 있습니다. 그리고 주님께서 영적 부흥을 받은 사람들의 마음 가운데서 비전을 발견하시고 또 계속 발견하고 계십니다. 우리는 그것을 꼭 지키며 성취하도록 노력하는 것이 진정한 의미에서의 부흥입니다. 만일 사탄의 힘이 미칠 때 하나님의 위대한 능력은 우리가 어떠한 환경에 있더라도 우리를 도우시기에 충분하다는 사실을 알아야 합니다.

내가 이 글을 쓴 후 독자들로부터 아주 좋은 소식이 오지만 그 반대로 이 글에 대해 강하게 비판하는 글도 여기저기서 옵니다. 위대하신 하나님은 그 능력에 따라 그분의 몸된 교회를 부흥시키고 계십니다. 우리는 이 능력 안에서 그의 위대하신 힘 앞에 나가야 하겠습니다.

마지막으로 말씀드리고 싶은 것은 독자들 마음의 태도에 관해서입니다. 이 글을 통해 은혜받기를 원한다면 마음 깊은 곳으로부터 갈급한 심령이 되어야 합니다. 뜨뜻미지근한 교회에 신앙의 부흥이 있기를 바라야 합니다. 특별히 스스로 성령 충만하기를 갈급해야 합니다. 다른 누구보다도 나 자신에게 하나님의 성령이 역사하여 주시기를 원해야 합니다. 뿐만 아니라 하나님은 이러한 필요를 채워주실 수 있고 또 채워주신 것을 믿고 확신해야 합니다.

어떤 의미에서 당신이 교회의 지도자라면 이러한 일은 더욱 더 필요한 것입니다. 자신이 필요성을 알고 은혜받기를 간절히 원하면 원할수록 하나님께서는 그가 봉사하는 교회의 교인들에게 더 풍성한 은혜를 주실 것입니다. 무엇보다도 먼저 주님의 십자가 앞에서 겸손하게 되어야 합니다.

'니느웨'의 백성이 회개한 것은, '니느웨'의 임금이 자기 보좌에서 일어나 베옷을 입고, 회개의 표적으로 '재'(ashes) 앞에 앉았을 때였습니다. 여러분이 교회의 지도자가 아니고 일반 성도라고 해서 먼저 우리들의 지도자가 행해야 될 것이라고 생각하여 그렇게 되기를 기다리는 유혹에 빠지지 않도록 해야 합니다.

  하나님께서는 우리 각 사람이 먼저 시작하기를 원하십니다.

  하나님께서는 당신이 먼저 회개하기를 원하고 계십니다.

  하나님의 축복이 모든 분에게 임하시기를 기원합니다.

1973년 2월

로이 헷숀

The Calvary Road

역자 서문

제가 『갈보리 언덕』을 처음 읽은 것은 1974년 스코틀란드 글라스고우 WEC 선교부가 운영하던 Missionary Training College에서 공부할 때였습니다. 신학교 학장님이 모든 학생에게 읽도록 추천한 일반 교양도서 중의 한 권이었습니다. 저는 밤을 꼬박 새우며 읽었습니다. 그리고 감격스러운 영적 부흥을 체험했습니다.

사실 이 책은 저명한 신학자가 쓴 책도 아닙니다. 그러나 이 책을 읽는 저의 마음을 정말 뜨겁게 태웠습니다. 그 후 글라스고우의 어느 가정 기도회의 모임에 초대되어 갔을 때 그곳 참석자 중 한 젊은 청년의 간증을 들었습니다.

사랑하는 애인으로부터 크리스마스 선물로 『갈보리 언덕』을 선물 받고 단숨에 읽었습니다. 엘리트만 모인 직장에서 믿지 않는 직원들과 신앙문제로 고민해 왔는데 이 책을 통하여 은혜를 받고 모든 문제가 해결되었습니다. 그것은 바로 내 자신이 주님의 십자가 앞에서 깨어지지 않았기 때문이었습니다.

그 청년의 이러한 간증은 저의 마음을 다시 한 번 감동시키는 이야기였습니다.

실로 오랜 외국 유학생활 중 한국의 자랑을 많이 듣지 못했습니다. 그러나 유럽의 뜻있는 사람들은 빌리그래함 전도집회와 엑스플로 74집회를 통하여 한국에 신앙의 부흥운동이 일어나고 있다고 믿고 있습니다. 그리고 "한국에 신앙부흥운동이 어떻게 일어나고 있느냐?"라는 질문을 받기도 합니다. 정말 들어도 또 듣고 싶은 질문입니다. 그러나 이 중요하고 기쁜 질문에 선뜻 답변을 못하는 것이 저의 아픔이며 숙제입니다.

한국에 진정한 신앙부흥운동이 일어나고 있다면 이 작은 책을 통하여 비교해 보면 될 것이라 믿습니다. 진실로 내 사랑하는 조국에 신앙의 부흥운동이 불길처럼 일어나기를 기원합니다. 이 작은 책을 번역하여 사랑하는 조국의 교회에 바칩니다. 이 책을 읽는 사람마다 주님의 뜨거운 사랑이 임하시리라 믿습니다. 할렐루야! 아멘!

1976년 8월 3일
런던 CLC 본부에서
장 기 순 識

The Calvary Road

목차

저자 서문(로이 헷숀) · 5
역자 서문(장기순) · 17

1장 깨어진 마음 · 23
2장 흘러 넘치는 잔 · 31
3장 교제의 길 · 43
4장 성결의 대로(大路) · 57
5장 비둘기와 어린 양 · 77
6장 가정에서의 부흥 · 93
7장 티와 들보 · 109
8장 자원하여 종이 되겠는가? · 119
9장 어린 양의 피의 능력 · 129
10장 무죄의 항변은 가능한가? · 141
11장 40년 후 저자와의 개인적 회견 · 157

The Calvary Road

제1장

깨어진 마음

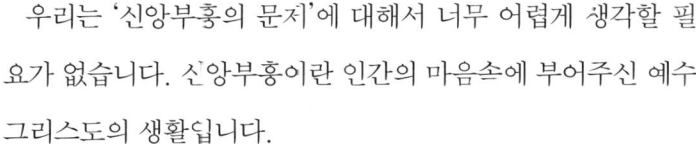

우리는 '신앙부흥의 문제'에 대해서 너무 어렵게 생각할 필요가 없습니다. 신앙부흥이란 인간의 마음속에 부어주신 예수 그리스도의 생활입니다.

예수님은 항상 승리하시는 분입니다. 하늘나라에서는 끊임없이 우리 예수님의 승리를 찬양하고 있습니다. 우리의 경험은 실패와 무능력의 연속이나 예수의 승리를 찬양하고 있습니다. 우리의 경험은 실패와 무능력의 연속이나 예수님은 결단코 패배하지 않습니다. 예수 그리스도의 능력은 헤아릴 수가 없습니다. 인간 쪽에서 인간들이 할 수 있는 것은 오직 예수님과 올바른 관계를 맺는 것입니다. 그러면 우리의 마음 가운데 우리의 생활에, 우리의 사역 가운데 나타나시는 예수님의 능력을 볼 수 있습니다. 그럴 때 예수님의 승리의 생활이 우리의 생활에 차고 넘치고 다른 사람들에게까지 우리를 통하여 흘러넘치게 되는 것입니다. 이것이 신앙부흥운동의 참뜻인 것입니다.

만일 우리가 예수님과 올바른 관계를 맺으려면, 가장 중요한 것은 우리들 자신의 의지는 완전히 깨어지고 예수님의 뜻에 순종해야 하는 것을 깊이 깨닫는 것입니다. 자기 마음을 깨뜨린다는 것, 바로 그것이 '부흥'의 시작인 것입니다. 그것은 고통스러운 일입니다. 그것은 굴욕적인 것입니다. 그러나 이 한 길이 생명의 길입니다. 그것은 '내'가 아닙니다(갈 2:20). 내가 사는 것이 아니고 내 안에 예수 그리스도께서 사시는 것입니다.

우리들의 마음속에 있는 교만한 자신이 깨어지기 전에는 그리스도께서 우리를 통하여 스스로를 나타내실 수도 없습니다. 다시 말하면 교만하며 순종하지 않는 '나'는 스스로 옳다고 하고, 스스로의 길을 원하고, 스스로의 권리를 주장하고, 스스로의 명예를 바라는 것입니다.

그러나 이 모든 것이 하나님의 거룩한 뜻에 겸손히 머리를 숙일 때, 그리고 스스로의 잘못을 인정하고 예수님의 길을 따르기 위하여 자기 자신의 길을 버릴 때, 자기의 권리를 포기하고 자기 자신의 명예를 초개처럼 버릴 때, 예수 그리스도께서 비로소 우리의 모든 것을 대신하시는 것입니다. 예수님은 우리의 전부가 되십니다. 다시 말하면 우리의 자아와 마음가짐은 스스로 죽어야 하는 것입니다.

진실로 우리들의 신앙생활을 반성한다면 너무도 깊은 자기 자아가 우리들 각자의 신앙생활 속에 숨어있는 것을 볼 수 있는 것입니다.

때때로 참다운 그리스도인의 신앙생활을 해보려는 노력까지도 자기 자신이 중심이 되기 쉬운 것입니다. 우리들이 사용하는 '해본다'라는 낱말 자체가 그 행동의 주체자가 '자기'라는 것을 시사하는 것입니다.

때때로 그리스도의 복음을 위한 일까지도 자기 자신이 주체가 되는 것입니다. 신경질을 낸다든지, 질투를 한다든지, 분노를 한다든지, 남을 비난한다든지, 근심걱정을 하는 것은 언제나 자기 자신입니다.

다른 사람들에 대한 냉정하고 딱딱한 태도도 자기 자신의 과시입니다. 수줍어 하고, 자존심이 강하고, 자기 보존을 위한 것도 자기 자신에 기인하는 것입니다. 이러한 모든 것을 깨뜨려야 합니다. 자기 자신이 스스로를 지배하고 있는 동안은 하나님께서 우리와 동행하실 수가 없습니다. 왜냐하면 하나님께서는 우리에게 갈라디아서 5장에 기록된 '성령의 열매'를 맺게 하시려고 원하고 계신데 우리의 마음은 돌덩어리처럼 단단하여 성령의 열매를 맺을 수 없기 때문입니다. 진실로 성령의 열매를 맺기 위해서는 자기 자아가 십자가에 달려야 한다는 것이 전제조건입니다. 나 자신을 깨뜨린다는 것은 하나님의 일인 동시에 우리들의 일인 것입니다.

하나님께서는 우리에게 먼저 찾아오시고 역사하십니다. 우리는 선택해야만 합니다. 만일 우리가 하나님과 교제하기를 진심으로 원한다고 하면-빛을 바라는 마음이야말로 하나님과 사귈 수 있는 유일한 조건입니다-하나님께서는 교만하고 메마른 우리들 자아의 표현이 그에게 고통을 준다는 것을 보여주실 것입니다. 거기에는 두 길이 있습니다. 우리가 고개를 꼿꼿이 세우고 회개를 거절하든가 또는 "옳습니다. 주님!" 하고 머리를 숙여 순종하는 것입니다. 매일의 생활에서 자기를 부정한다는 것은 하나님의 책망에 겸허하게 대답하는 단순한 생활입니다. 하나님의 책망이 계속되는 한 우리도 자기를 깨뜨리고 부정하는 생활을 계속해야 할 것입니다.

이것은 우리들이 지니고 있는 모든 권리와 개인적인 이권까지도 버리는 매우 값비싼 것이 될지도 모르겠습니다. 또한 남에게 고백을 한다든가 보상을 하여 줄 필요까지 있을지도 모릅니다. 그렇기 때문에 우리들은 예수님의 십자가를 떠나서는 도저히 깨어질 성질의 우리가 아닙니다.

예수께서 우리를 위하여 자기 스스로를 십자가 상에서 깨뜨렸다는 사실은 우리들의 마음이 깨뜨려져야만 된다는 동기를 만들어 주는 강력한 요인입니다. 하나님과 본체이신 예수님이 하나님과 동등됨을 취한 것으로 생각하지 않으시고 스스로 종의 형상을-하나님의 종, 인간의 종-가지사 우리를 위하여 죽기까지 순종하신 그 주님을 우리는 보는 것입니다.

예수님은 자신의 모든 권력도, 거할 처소도 그리고 어떤 소유물도 취하려 하지 아니하셨습니다. 우리는 피조물인 인간들이 비난을 하여도 보복하지 않으시고, 마음을 아프게 하여도 자기 몸을 인간들을 위해서 희생하시고 스스로를 방위하시지 않은 예수님을 보는 것입니다.

특별히 우리는 인간의 죄를 당신의 몸에 대신 짊어지시고 그 죄를 속죄하시기 위하여 온화하신 모습으로 '갈보리 언덕'을 향해서 올라가신 주님을 바라보는 것입니다.

우리를 감동시키는 시편 22:6에서 예수님은 "나는 벌레요 사람이 아니다"라고 말씀하십니다.

열대 지방에 살아본 사람은 우리들에게 뱀과 벌레의 큰 차이점을 보여줍니다. 그것은 우리들이 공격을 가하려고 할 때에 알 수 있다고 합니다. 뱀은 머리를 들고 "쉬-쉬" 소리를 내면서 우리에게 반격을 하려고 합니다. 이것은 우리들 '자아'를 묘사하는 상징입니다.

그러나 벌레는 저항하지 않습니다. 무엇이든지 사람이 하는 대로 발 뒤꿈치로 밟든지 차든지 그대로 가만히 있는 것입니다. 이것은 깨어진 마음의 상징입니다. 예수께서는 우리를 위하여 사람이 아니라 벌레가 되셨습니다. 왜냐고요? 그것은 우리를 위하여 그렇게 되어야만 할 것을 아셨기 때문입니다.

사실 우리들은 우리의 죄로 말미암아 모든 인간의 권리를 상실하고 지옥길로 갈 수밖에 없는 벌레들이었습니다. 예수님은 지금 우리가 주님을 위하여 주와 함께 벌레로서 올바른 자리에 있을 수 있도록 항상 우리를 부르고 계십니다.

남에게 보복하지 않는 마음, 원수를 사랑하는 마음, 자기를 내세우지 않는 마음 등 '산상보훈'이 가르치는 것이야말로 우리들이 가야할 자기의 자리인 것입니다. 그러나 우리를 위하여 스스로 깨어진 예수님의 사랑을 바라볼 때 비로소 우리들도 그렇게 되어야만 하겠다고 생각하게 되는 것입니다.

> 주님! 교만하고 고집이 센 저를 꺾어주시옵소서.
> 저의 머리를 숙이고 죽을 수 있도록 도와주시옵소서.
> 갈보리 언덕 십자가에 달리신 주님을 바라봅니다.
> 저를 위해 머리를 숙이신 주님을 바라봅니다.

그러나 스스로를 죽인다는 것을 단번에 다 할 수 없는 것입니다. 하나님께서 이러한 사실을 맨 처음 우리들에게 보여주실 때가 첫 번째 죽음이지요. 물론 그 후에도 계속 자아를 죽여야 하는 것입니다. 그럴 때에 예수 그리스도께서 우리를 통하여 나타나실 수 있는 것입니다(고후 4:10).

하루종일 우리 앞에는 여러 가지 방법으로 우리가 선택한 일을 할 수 있는 길이 있습니다. 그러나 우리가 선택하는 의미는 자기 자신을 위한 계획도 시간도 아니라는 것입니다. 이것은 오로지 내 이웃의 모든 사람을 위하여 섬기고 헌신하는 것입니다. 왜냐하면 하나님께 대한 순종은 이웃 사람들에게 대하여 겸손하게 받드는 것으로써 알 수 있기 때문입니다.

모든 수치와 우리를 시험하고 괴롭히는 사람이 있다면, 하나님께서 우리들의 마음을 깨뜨리는 방편으로 우리에게 주신 것입니다. 그렇게 함으로 우리들에게는 예수 그리스도의 생활이 더 오묘하게 나타날 수 있습니다.

하나님을 기쁘게 하고 또한 우리가 승리할 수 있는 유일한 생활은 예수님의 생활임을 알아야 합니다. 결단코 인간적인 생활이 아닙니다. 아무리 열심히 노력을 해보아도 우리의 생활로서는 하나님을 기쁘시게 할 수는 없습니다.

우리들의 자기 본위의 생활은 하나님의 생활과 전적으로 반대되는 것이므로 우리의 자아를 꾸준히 죽이고 하나님께로 나올 준비를 계속하지 않은 한 우리는 예수님의 마음을 닮아갈 수가 없는 것입니다. 그러므로 우리는 우리 자신을 죽이고 그리스도의 생명을 받아들이는 데 용기 있는 선택을 해야만 합니다.

제2장

흘러 넘치는 잔

 그러나 깨어진 마음은 영적 부흥의 시작에 불과합니다. 영적 부흥, 바로 그것은 성령으로 완전히 충만해져서 넘쳐흐르는 상태를 말하는 것입니다. 그리고 그것은 승리의 생활인 것입니다.

 만약 우리들에게 지금 이 순간 "당신은 성령으로 충만하였습니까?"라고 누가 묻는다면 과연 몇 사람이나 "예 그렇습니다"라고 대답할 수 있습니까? 우리가 하루 언제든지 이 질문을 받았을 때 "예!"하고 대답할 수 있을 때에 비로소 마음속에 부흥이 있는 것입니다. 그렇게 말한다고 해서 자기 자랑이 아닙니다. 왜냐하면 넘쳐흐르는 성령의 뜨거운 역사는 전적으로 그리고 완전히 하나님의 사역이기 때문입니다. 그것은 전적인 은혜에서 오는 것입니다. 우리들이 해야 할 전부는 우리를 깨끗이 비우고, 스스로의 자아를 깨뜨리고 주님으로 하여금 넘쳐흐르도록 부어주시고, 또 부어주시도록 몸을 맡기는 데 있는 것입니다.

앤드류 머레이(Andrew Murray)는 말했습니다.

> 물이 낮은 곳으로 찾아가서 넘치도록 채워지는 것처럼 당신이 낮아지고 마음이 비어 있다면 하나님께서 당신을 발견하시는 순간 하나님의 영광과 능력을 당신에게 쏟아주시는 것입니다.

인간의 마음을 예수님 앞에 쥐어진 하나의 '잔'으로 비유한다는 것은 많은 사람이 알 수 있도록 단순하고 명백하게 설명하여 주는 것이라고 볼 수 있습니다. 인간의 마음은 예수께서 '생명의 물'을 부어주시기만 고대하는 하나의 잔인 것입니다. 그럴 때 예수님은 '황금의 물결'을 가지시고 우리의 옆을 지나가신다고 생각할 수 있습니다.

예수님은 우리의 '잔'을 들여다 보십니다. 만약 우리의 잔이 깨끗하면 주님은 '생명수'를 우리의 잔에 넘치도록 부어주실 것입니다. 예수께서는 언제든지 우리 옆을 떠나지 않으시므로 우리의 잔은 항상 넘칠 수가 있는 것입니다.

이것은 다윗이 "나의 잔이 넘치나이다"라고 말할 때를 의미한 것과 흡사한 것입니다.

이것이 신앙의 부흥입니다. 하나님의 끊임없는 화평이 우리의 마음을 다스리십니다. 왜냐하면 우리는 그 은혜로 우리들 자신이 충만하여질 뿐 아니라 넘쳐흐르는 은혜로 이웃에게까지 나누어 줄 수 있기 때문입니다.

혹시 연약한 인간들은 자기 자신을 죽인다는 것을 참혹한 일인 것처럼 생각할지 모르겠지만, 사실은 그 반대인 것입니다. 자기 자신을 비참하게 만드는 것은 정말이지 스스로 죽이기를 거부하는 데서 생겨나는 것입니다.

그리스도와 함께 인간들이 십자가에서 죽었다는 것을 깊이 체험하면 체험할수록 우리 안에 있는 주님의 깊은 사랑을 체험하게 되는 것입니다. 그렇게 됨으로 우리는 한층 더 참된 화평과 기쁨을 얻게 됩니다.

그리스도의 생경은 우리에게 차고 넘쳐 잃은 영혼을 구원하시고자 하는 참다운 너무도 귀한 근심으로 나타날 것입니다.

또한 우리 그리스도인들에게는 더욱더 큰 은혜에 잠기기를 원하는 뜨거운 소원으로 나타날 것입니다.

1. 예수 그리스도의 보혈의 잔

예수께서 우리 곁을 지나가실 때 우리의 잔에 생명수를 붓지 못하게 하는 장애물은 꼭 한 가지가 있습니다. 그것은 천 가지, 만 가지 모양을 지닌 죄입니다. 예수께서는 더러운 잔에는 채워주지 않으십니다. 인간 자신에게서 나온 모든 것은-그것이 비록 작은 것이라고 할지라도-죄입니다. 주님을 사업을 하면서도 자기 스스로의 노력 또한 자기 만족을 통하여 죄를 지을 수 있습니다.

시험을 당할 때 어려운 일에 부딪혀 자기 자신을 불쌍하게 생각하거나, 사업을 하면서 또는 주님을 위하여 일하면서도 자기의 이익을 찾거나, 한가한 시간에 방종에 잠기는 것도 모두 죄악입니다.

우리가 다른 사람으로부터 상처를 받고 손해를 보았을 때 신경질을 내고 분노하고 원한을 품고 거기에 대항해서 자기를 방어해보려는 것이나, 또한 자기를 늘 생각하고 침묵을 지키고 걱정하고 무서워하는 등 인간 자아에서 나오는 모든 것은 죄악입니다. 우리의 잔을 더럽히는 것들입니다.

어떤 사람은 "이런 것들을 죄라고 부르는 것이 옳은가"하고 의심할 분이 계실 것입니다. 또 어떤 사람은 "그런 것은 의지가 박약하고 무능력하고 개성이 연약한 데서 나오는 것으로 간주하며 그것은 결코 죄는 아니라고 할 것이다. 만약 그것을 죄라고 부른다면 인간을 속박하는 것이다"라고 할 것입니다. 그러나 사실은 정반대입니다. 만약 그런 것들이 죄악이 아니라면 인간들은 여기에서 벗어날 도리가 없습니다.

우리 인간은 남은 여생을 지닌 채 살아가야만 하겠지요. 그러나 이런 것들을 모두 죄라고 인정한다면 여기에 죄를 씻을 수 있는 하나의 맑은 샘이 있습니다.

우리들의 마음속에 그런 죄악들이 생기는 것을 느끼는 순간 '그리스도의 보혈' 아래로 그런 것들을 가져가기만 한다면 우리들은 깨끗이 씻겨지고 죄악에서 벗어날 수 있는 것입니다.

정말로 그런 것들은 죄악임을 깨달아야 합니다. 그 원천은

불신앙입니다. 교만한 마음의 변형인 것입니다. 그런 죄악 때문에 우리에게 우리 주님이 나타나시지 못하고 숨겨지곤 했던 것입니다.

이제 우리는 모든 죄악을 다른 잔에 송두리째 옮겼습니다. 겟세마네 동산에서 우리 주님께서 잠시 고민하셨지만 갈보리 산상에서 한 방울도 남기지 않고 다 마신 그 잔에 옮겼습니다.

그것은 죄악의 잔이었습니다. 지금도 우리의 잔 속에 들어있는 죄를 주님께 보이는 데 주저하지 않으면, 그 죄악을 주님께 완전히 맡긴다면, 우리 주님은 아직도 인간의 죄를 위하여 흐르고 있는 그 고귀한 보혈의 피로써 씻어주실 것입니다. 그것은 한낱 죄의 책임을 면하여 주시는 데서 끝나는 것이 아닙니다. 주님의 보혈은 우리의 죄악이 남긴 그 더러운 허물과 피를 흔적도 없이 도말하여 주시는 것입니다. 그럴 때에 우리는 거기서 아무런 죄의 가책을 더 이상 받을 필요가 없게 되는 것입니다.

이처럼 우리의 잔을 깨끗하게 하신 후에는 성령으로 우리의 잔을 넘치도록 부어주시는 것입니다. 우리들은 날마다 이 보혈의 잔에 잠길 수가 있습니다. 당신이 맨 처음 예수님께 당신의 잔을 씻어주시도록 요구하였다고 합시다. 그리고 성령이 넘쳐 흐르도록 주님께 내어맡겼습니다. 그런데 어떤 일이 생겼습니까? 질투와 분노가 치밀어 올라왔습니다. 무슨 일입니까? 당신의 잔은 더러워졌고 잔은 흘러넘치지 않습니다. 만약 우리가 이처럼 실패를 계속한다면 우리의 잔은 결단코 차고 넘치지 못할 것입니다.

우리가 계속적인 부흥을 원한다면, 우리의 잔을 항상 깨끗하게 할 수 있는 방법을 배워야만 합니다. 하나님께서는 '부흥운동'이 중단되는 것을 원하지 않으십니다. 지난 어느 해에 부흥의 불길이 일어났다고 하는 역사적인 기록을 하나님께서는 원하지 않으십니다.

하나님께서는 끊임없는 영적 부흥을 원하시는 것입니다. 그러면 무엇이 우리 인간들로 하여금 계속적인 부흥을 가로막는 것일까요? 그것은 죄악입니다. 오직 그것뿐입니다. 까귀가 우리의 잔 위에 떨어뜨린 지극히 작은 죄악들입니다.

그러나 우리들이 '갈보리'로 돌아가기를 원한다면 그리고 죄의 싹이 돋아나는 순간마다 예수 그리스도의 보혈의 피의 능력으로 새로워지기를 원한다면 계속적으로 우리의 잔을 깨끗하게 할 수 있는 비결을 배울 수 있고 우리의 잔이 넘쳐흐를 수 있는 비결을 깨달을 수 있는 것입니다.

질투, 험담 그리고 신경질…이런 것들이 치밀어 오르는 것을 느끼는 그 순간, 그것을 예수님께 맡겨보십시오. 그리고 예수 그리스도의 보혈의 능력으로 그것을 깨끗하게 씻어주실 것을 간구하여 보십시오. 그러면 바로 그 순간 그러한 마음의 충동은 사라지고 기쁨과 화평이 당신의 마음속에 찾아올 것입니다. 당신의 잔은 넘쳐흐를 것입니다. 우리가 이런 방법으로 깨끗함을 원하면 원할수록 죄악의 충동도 차차 적게 일어날 것입니다. 그러나 우리가 깨끗함을 입으려면 당면한 문제점을 하나님 앞에 내놓고 우리의 마음을 깨뜨릴 때 가능한 것입니다.

가령 우리가 어떤 사람과 의견이 충돌하여 기분이 상하였다고 해서 그것을 가지고 갈보리의 그리스도께로 가지고 가는 것은 신앙적인 것이 못됩니다. 무엇보다도 우리의 마음이 깨어져야 합니다. 바꾸어 말하면 우리의 모든 문제를 하나님 앞에 내놓아야 하는 것입니다.

우리의 마음을 아프게 한 그 사람을 용납하고 그로 하여금 우리에게 그렇게 하신 것도 우리에게 대한 하나님의 뜻으로 알아야 하는 것입니다. 그렇게 되면 우리는 주님의 보혈이 우리의 죄를 씻어주실 것을 알기 때문에 우리의 잘못된 마음의 충동을 주님께로 가져갈 수 있는 것입니다.

우리들이 죄사함을 받은 후에는 더 이상 그 죄에 대해서는 마음을 쓰지 마십시오. 우리는 승리의 주님을 바라보면 됩니다. 그리고 승리하시는 주님을 찬양해야 합니다.

예수님과 함께 거닐면서 생활할 수 있는 그리고 우리에게 죄가 언제 들어왔는가를 알려주는 간단하면서도 충분한 내용이 담긴 하나님의 말씀이 있습니다. 그것은 골로새서 3:15입니다. "그리스도의 평강이 너희 마음을 주장하게 하라."

우리의 마음 가운데 있는 하나님의 평강을 휘저어 놓는 것은 무엇이든지 죄입니다. 아무리 적게 보여도, 아무리 작은 죄처럼 보여도 그것은 죄의 시작입니다. 하나님의 평강이 우리의 마음을 주장하여야 합니다. 문자 그대로 직역한다면 하나님의 평강이 우리 '마음의 심판'이 되어야 한다는 것입니다. 축구경기에서 심판이 호각을 불었을 때, 거기에는 어떤 선수의 잘못이 있었을 것입니다.

우리가 마음의 평강을 잃을 때, 우리의 마음속에 하나님의 심판의 호각이 불려지면, 즉시 멈추어야지요. 무엇이 잘못인가를 보여 달라고 하나님께 간구해야 합니다. 하나님께서 보여준 죄를 고백해야 합니다. 그렇게 하고 나면 예수 그리스도의 보혈의 피로 말미암아 평강이 찾아올 것입니다. 그리고 우리의 잔이 계속 차고 넘칠 것입니다.

그러나 하나님께서 그의 평강을 우리에게 주시지 않는다면 그것은 우리가 진실로 깨뜨려진 존재가 아니기 때문입니다. 우리가 하나님께 고백한 것처럼 "잘못하였습니다"라고 자백해야 할 다른 사람이 있기 때문인지도 모르겠습니다. 혹은 우리가 아직도 그것은 다른 사람의 잘못이라고 생각하고 있기 때문일 것입니다.

그러나 만일 우리가 우리의 평강을 잃었다면 그 잘못의 장본인은 분명합니다. 우리는 다른 사람의 죄 때문에 하나님의 평강을 잃지 않습니다. 그것은 분명히 우리들 자신의 죄 때문인 것 같습니다. 하나님께서는 우리들의 심적 반응을 보여주기를 원하십니다. 그리고 우리 스스로가 자진해서 깨끗한 마음을 품을 때 비로소 하나님의 평강을 지닐 수 있게 되는 것입니다.

오! 하나님의 평강으로 주장받는 생활이 얼마나 단순한 것인가! 성령께 전적으로 모든 것을 맡기고 다른 누구에게도 지배받지 않는 생활입니다.

지난날 무관심했던 자기중심의 생활이 지금은 우리에게 보여지는 것입니다.

그리고 심판을 알리는 주님의 호각소리가 없이는 우리는 거닐 수가 없는 것입니다. 인간들이 하나님의 평강이 지배하는 매일매일의 생활을 하려고 진정으로 마음의 준비를 했을 때는 불평하는 것, 남을 지배하려는 것, 부주의하는 것 등 아무리 작은 일까지도 죄라는 것을 깨닫게 됩니다. 하루에도 몇 번이고 비록 작은 일들을 통해서라도 예수 그리스도의 보혈의 공로로 생활할 수 있는 것입니다. 지난날에 생각하지 못했던 자기를 부정하고 그리스도와 동행할 수 있는 것입니다. 예수께서는 우리의 마음이 깨어질 때 주님의 사랑과 은혜를 우리에게 분명히 나타내실 것입니다.

그러나 우리 가운데 주님이 부는 호각소리를 가끔 소홀히 하고 오랫동안 그 호각소리를 듣지 않습니다. 갈수록 정결함을 입을 필요성을 느끼지 않게 되고 마침내는 자기를 부정하는 기회조차도 가지지 않게 되는 것입니다. 이렇게 되면 우리는 상상하던 것보다 더 나쁜 상태에 처하게 되는 것입니다. 우리는 예수 그리스도의 보혈로 정결함을 받아야 하겠다고 소리치기 전에 우리의 마음이 하나님과의 교제를 회복해야 하겠다는 뜨거운 마음으로 갈급한 심정으로 돌아가야만 할 것입니다.

주님은 우리에게 한 가지 중요한 사실을 보여주실 것입니다. 우리의 신앙이 부흥되기를 진실로 원한다면 그 첫째는 우리가 순종하고 우리의 마음이 깨져야 한다는 사실을 말입니다.

제3장
교제의 길

　인간이 타락하여 자기 생활의 중심을 하나님보다는 자기 자신 스스로가 선택한 생활을 할 때, 그 결과는 인간이 하나님과의 교제가 끊어질 뿐 아니라 이웃과의 교제조차도 끊어지고 마는 것입니다.

　창세기 3장에서 인간이 하나님과의 처음 불화한 원인이 된 것이, 곧 4장에서는 인간 대 인간의 싸움이 된 것입니다. 다시 말하면 가인이 동생 아벨을 살인한 것으로 연결되는 것입니다.

　인간의 타락은 단순한 것입니다. 그것은 인간 각자가 자신의 길로 들어서는 것을 말합니다.

　　우리는 다 양 같아서 그릇 행하여 각기 제 길로 갔거늘 여호와께서는 우리 무리의 죄악을 그에게 담당시키셨도다(사 53:6).

만약 내가 '하나님의 길' 대신 '나 자신의 길'을 원한다면 두말할 것도 없이 나는 '다른 사람의 길'보다는 '나 자신의 길'을 원할 것도 사실일 것입니다.

인간이란 할 수만 있다면 이웃에게 항복하기 위하여 하나님께로부터 독립을 얻으려고 하지는 않을 것입니다. 그러나 개개인이 '자기 자신의 길'을 주장하는 세계란 긴장상태와 숨막히는 장벽, 의심과 오해, 충돌과 투쟁으로 가득찬 세계, 버림받는 삶이 될 것입니다.

그렇지만 우리 주님 예수 그리스도께서 십자가 상에서 고난의 잔을 마신 놀라운 역사는 우리 인간으로 하여금 하나님과의 교제를 맺게 하였을 뿐만 아니라 이웃과의 교제까지도 회복할 수 있게 만들어주신 것입니다.

이 두 가지 사실 중 하나만 가지고는 이루어질 수 없습니다. 그것은 마치 수레바퀴의 살이 그 중심에 가까이 오면 가까이 올수록 그 이웃에 있는 바퀴의 살과 서로 가까워지는 것과 같은 것입니다. 그러므로 우리의 형제나 이웃과 참된 교제를 하고 있지 않다면 그것은 또한 하나님과의 참된 교제를 맺지 못한 증거가 되는 것입니다.

요한일서는 (어쩌면 이 성경 말씀이 부흥에 대하여 그처럼 새로운 빛을 던져주는 것일까요!) 자기 형제들과의 교제가 얼마나 깊고 참된가에 따라서 우리가 하나님과의 교제가 깊고 참된가를 테스트한다고 강조하고 있습니다(요일 2:9; 3:14-15; 4:20).

우리 가운데 인간이 자기 이웃과의 교제가 어떻게 해서 인간과 하나님과의 관계처럼 연결되어 있는가를 깨닫고 계실 것입니다. 인간과 인간 사이에 있는 모든 장벽이 아무리 작은 것이라 하더라도 인간과 하나님과의 두터운 장벽이 되는 것입니다. 이런 장벽들을 빨리 없애지 않으면 점점 두터워져서 하나님과 우리 그리고 형제들과의 사이를 차단시키고 마침내는 벽돌처럼 굳어버리는 것입니다.

그러나 우리가 분명히 '새로운 생명의 길'을 영접하기를 바란다면 하나님과 우리들 사이, 형제들과 우리들 사이에 어떤 간격도 없이 하나가 되어 동고동락하는 '새로운 생활'로 나타나게 된다는 것은 다시 말할 필요도 없는 사실입니다.

1. 빛과 어두움

그러면 어떠한 터전 위에서 우리들이 하나님과 그리고 형제들과 진실된 교제를 가질 수 있을까요?

> 저가 빛 가운데 계신 것같이 우리도 빛 가운데 행하면 우리가 서로 사귐이 있고 그 아들 예수의 피가 우리를 모든 죄에서 깨끗하게 하실 것이요(요일 1:7).

우리에게 새로운 의미를 주시는 말씀인 것입니다. '빛'과 '어두움'은 무엇을 의미합니까? 빛은 드러내고 어두움은 숨기는 것입니다. 우리의 어떤 잘못이라도 견책할 수 있고 내 모습 그대로를 드러내놓는 것, 그것이 바로 빛입니다.

> 책망을 받는 모든 것이 빛으로 나타나나니 나타나지는 것마다 빛이니라(엡 5:13).

그러나 우리들이 어떤 일을 행할 때, 어떤 말을 할 때, 어떤 말을 하지 않을 때, 그것들을 숨기고 하지 않는 것, 그것이 바로 어두움인 것입니다.

우리의 생활 가운데서 우리들의 참된 모습을 숨기려고 애쓰는 것이 죄의 첫 노력입니다. 죄악은 우리의 시조 아담과 하와를 에덴동산의 숲 속으로 숨게 만들었습니다. 그런 후 그 죄악은 우리에게 똑같은 시도를 계속하고 있는 것입니다.

무서운 죄악은 항상 인간들로 하여금 참되지 않은 것, 겉치레 하는 것, 복잡한 이중생활, 눈속임하는 것, 자기를 변명하는 것 그리고 우리의 이웃을 비난하는 것으로 나타나는 것입니다. 이런 일들은 우리가 이야기하고 행동을 하는 중에도 하지만 무언 중에도 하는 것입니다.

이런 것들이 앞에서 인용한 성경말씀에서 보여준 '어두움에서 행하는 일'인 것입니다. 우리들 중 어떤 사람은 자기의식과 그것을 숨기려는 것 이외에는 다른 문제될 죄악을 갖고 있지 않다고 하실 분도 있겠지요? 그러나 '자기'를 주제로 한 모든 것이 죄라는 것을 깨달아야 할 것입니다. 또한 자기의식을 강하게 갖는 것을 감추기 위하여 가장한 열성 외에는 다른 죄의 문제를 갖지 않았다고 하겠지요? 그러나 그것도 어두움 가운데서 생활하는 것입니다.

우리들 마음속에 있는 죄와는 정반대로 요한일서 1:5 말씀에 "하나님은 빛이시라"고 기록되어 있습니다. 하나님은 우리 각 사람의 참된 모습을 그대로 볼 수 있도록 모든 것을 비추어 드러내시는 분이라는 말씀입니다. 성경은 계속하여서 "하나님께서는 어두움이 조금도 없으시니라"고 말씀하십니다.

살아계신 하나님은 티끌만한 어두움도 있을 수 없고 우리 마음속에 숨기어 있는 보이지 않을 정도의 그림자 같은 죄도 전혀 없으시다는 말씀입니다. 그렇다면 우리 인간이 어떠한 어두움을 지니고 있는 한 하나님과의 교제가 불가능하다는 것이 분명하지 않습니까? 진실로 우리들이 어두움의 상태에서 생활하고 있는 한 우리들의 형제들과도 참된 교제를 할 수 없는 것입니다. 왜냐하면 우리가 진실하지 못할 때 하나님께서는 정직하지 못한 인간과의 교제를 할 수 없기 때문입니다.

하나님과 인간들 사이에 막힌 담이 있으면 우리는 하나님을 멀리 떠나는 것입니다.

2. 하나님과의 교제를 위한 원리

하나님과 인간 사이의 참된 교제를 위한 유일한 원리는 한결같이 인간들이 마음의 문을 열어놓고 생활하는 데 있는 것입니다. 하나님께서 빛 가운데 계신 것처럼 우리가 빛 가운데서 살아가면 우리가 하나님과의 교제를 할 수 있다는 것입니다.

빛 가운데서 생활한다는 것은 어두움 속을 걸어간다는 말과 정반대입니다. 스펄전 목사님은 그의 설교 가운데서 이 말씀을 '알려고 하고 또한 알리려고 자진해서 원하는 마음'이라고 정의하였습니다. 이 말씀의 뜻은 하나님과의 관계에 있어서 우리가 자신에 대하여 우리의 모습 그대로를 진실로 알기 원할 때, 우리의 마음 문이 열리고 하나님과의 교제를 할 수 있는 것입니다. 하나님께서 우리에게 죄라고 보여주시는 것은 무엇이든지 죄로 취급하고 스스로 숨기지 않고 변명하려는 마음을 버리는 태도입니다.

이처럼 빛 가운데 살아가면 우리 생활 속에서 날로 더 많은 죄를 발견할 수밖에 없는 것입니다. 그리고 지난 날에는 죄라고 생각지도 않았던 것들이 죄로서 나타나게 된 것입니다.

그러한 이유 때문에 빛 가운데서 살기를 도피하고 그것을 은폐하려고 하는 시험에 빠지게 되는지도 모릅니다. 그러나 귀중한 성경말씀은 계속해서 우리에게 이렇게 말씀하십니다.

> 하나님의 아들 예수 그리스도의 보혈의 피가 우리의 모든 죄를 깨끗하게 하신다(요일 1:7).

하나님의 빛이 죄라고 보여주는 모든 죄짐을 우리는 고백할 수 있고 '보혈의 샘'으로 가져가야만 하는 것입니다. 그럴 때에 그 무거운 죄짐은 하나님 앞에서 그리고 우리들의 마음 가운데서 멀리 멀리 떠나는 것입니다. 이처럼 귀중한 '보혈의 능력'으로써 하얀 눈송이보다도 더 하얗게 죄사함을 받을 수 있는 것입니다. 빛 가운데서 항상 생활하고 보혈의 피로 깨끗함을 받을 때 우리는 하나님과 교제를 할 수 있는 것입니다.

그러나 여기서 우리와 약속된 사귐은 하나님과의 영원한 교제뿐만이 아닙니다. "서로 사귐이 있고…" 이 말씀은 형제들과의 교제에 있어서도 빛 가운데 행하여야 된다는 것입니다. 이 말씀의 참 의미는 우리가 하나님께로부터 우리들의 있는 그

대로의 모습을 배운 것과 마찬가지로 우리들의 형제들로부터도 참 모습을 배우기를 원해야 하는 것입니다. 우리들은 사랑하는 형제들이 우리들을 위하여 빛을 주기를 원할 때 받을 준비가 되어 있어야 하겠습니다. 우리도 형제들을 위해서 똑같은 빛을 주어야만 되겠습니다. 형제들이 우리의 생활 가운데서 최대한의 정성을 드리는 신앙생활을 하지 못한 것을 보았을 때, 우리는 형제들이 충고하는 어떤 것도 받아들일 자세가 되어 있어야 하겠습니다.

우리들은 나 자신의 참모습을 스스로만 알 것이 아니라 형제들에게도 알게 해야 합니다. 이 말의 의미는 우리들이 교제를 가져야만 하는 형제들에게 내적인 나를 숨겨서는 안 된다는 것입니다. 우리들은 외모를 꾸미거나 겉치레하려고 해서는 안 됩니다. 우리들은 입으로만 축복받는 말을 해서는 안 되며 더는 변명을 하려고 해도 안 됩니다.

우리들은 자기 자신에 대해서 형제들에게 정직해야 합니다. 우리들은 영적인 고집과 자존심을 버리고 우리들의 명예를 손상받으면서까지라도 그리스도 안에서 형제들과 마음과 마음을 열고 숨김없는 교제를 해야 합니다. 이 의미는 또한 우리들 마음 가운데 다른 형제들에게 대한 좋지 않은 감정을 마음에 품으려고 해도 안 된다는 것입니다. 그래서 우리는 먼저 하나님께 그러한 인간적인 감정에서 벗어나도록 간구하고 우리와 관계된 이웃과 올바른 교제를 가져야 하는 것입니다.

우리가 이러한 길을 거닐 때 우리가 새로운 차원에서 이웃 형제들과 교제할 수 있을 것입니다. 그리고 우리가 서로 작은 사랑이 아닌 끝없는 사랑을 갖고 주 안에서 교제를 할 것입니다.

3. 속박에서의 해방

빛 가운데서 생활한다고 하는 것은 예수님과 함께 동행하는 생활입니다. 그러므로 거기에는 어떠한 속박이 없습니다. 그들이 누구에게나 우리들에 관한 모든 것을 이야기할 필요는 없습니다. 근본적인 문제는 빛 가운데서 거니는 행동보다는 태도에 있는 것입니다. 여러분은 형제들과 스스로 마음의 문을 열어놓고 교제하기를 원합니까? 하나님께서 우리에게 말씀하실 때 우리들이 말로써 교제할 수 있습니까? 그렇게 할 수 있다면 바로 그것이 '빛의 갑옷'입니다. 가장 명백한 진실입니다. 이런 일은 때로 비천하게 보일지도 모릅니다. 그러나 이것이 그리스도와의 새로운 관계를 맺는 데 도움이 될 것이며 그리고 새로운 자기를 발견할 수 있는 것입니다. 우리들은 하나님께서 우리의 모든 것을 아신다는 사실에 습관화되어 버려서 자신을 명심하지 않고 잃어버린 것입니다. 그럴 때 우리는 스스로를 잃어버리는 필연적인 종말을 가져오는 것입니다.

그러나 하나님께서 인도하시는 대로 단 한 형제에게라도 자기에 대하여 절대적인 정직한 태도를 가지고 교제해 보십시오. 그러면 자기 자신의 죄악에 대하여 지금까지 알지 못했던 사실을 알게 될 것입니다.

또한 지금까지 자기 생활에 적용하였던 것보다 더욱 명백하게 예수 그리스도의 구속을 깨닫게 될 것입니다. '야고보'가 "너희 죄를 서로 고하라"(약 5:16)는 신앙생활의 규범을 주신 이유도 여기에 있는 것입니다.

요한일서 1:7의 "빛 가운데 행한다"는 것은 우리가 형제들과 교제를 갖는다는 것입니다. 빛 가운데서 서로 이 길을 거닐 때 어쩌면 이것이야말로 참다운 교제가 아닐까요? 우리들 각자가 예수님의 십자가 앞에서 회개하는 죄인으로 남에게 나타날 각오가 생길 때 서로에게 사랑이 넘쳐흐를 것입니다.

형제와 막혔던 두꺼운 벽이 무너지고 가면이 벗겨졌을 때 하나님께서는 우리를 참으로 하나로 만드실 기회를 갖게 되시는 것입니다. 뿐만 아니라 이러한 교제에서 우리는 '안전'하다는 것을 깨닫는 첨가된 기쁨을 가질 수 있는 것입니다.

우리에 대한 다른 사람들의 평가나 반감은 이제 두려움의 대상이 되지 않습니다.

십자가 밑에서 그리고 빛 가운데 맺어진 교제를 할 때는 우리들에게 대한 어떠한 생각이 있을 때 곧바로 빛으로 옮겨가는 것입니다. 그리고 잘못되고 사랑이 없는 행실에 대해서는 고백할 수 있고 우리들의 스스로에 대해서 마땅히 알아야 할 그 무엇에 대해서는 사랑의 충고로 나타나는 것입니다. 그러나 무엇보다 먼저 빛 가운데 행한다는 것을 예수 그리스도와 동행하는 것이라는 사실을 잊어서는 안 됩니다. 우리들은 먼저 예수님과 동고동락하여야 합니다. 그리고 우리가 마땅히 얻어야 할 것은 예수님의 성결하심과 그의 승리의 생활인 것입니다. 하나님께서 우리의 마음을 이웃 형제에게 열라고 인도하실 때, 우리는 특별한 경우를 제외하고는 어떤 고백보다는 더욱 그리스도 안에서 승리한 간증을 할 수 있어야 합니다. 그리하여 우리가 함께 한 그곳에서 하나님께 영광과 찬송을 돌리는 것입니다.

4. 부흥을 위한 연합

예수께서는 오늘 지금 이 시간부터 여러분이 새로운 방법으로 당신과 함께 빛 가운데서 생활하기를 원하고 계십니다. 서로서로 결합하기를 원하십니다. 주 안에서의 친구들, 함께 사는 가족, 당신의 아내, 당신의 남편과 합류하는 것입니다.

그 가면을 벗어야지요. 하나님께서는 가장 먼저 여러분들에게 이웃에게 정직해야 한다고 선언하십니다. 정직, 여러분 여기서부터 시작해야 합니다. 여러분 주위의 사람들에게 '부흥운동'을 일으키기 위하여 서로서로 힘을 모아 봅시다.

십자가 아래서 깨어지면 다른 사람들도 하나님의 인도하심을 따라 여러분과 교제하게 될 것입니다. 언제든지 형제들과 교제하며 여러분의 깊은 영적인 체험을 꾸밈없이 열어놓고 나누어 보십시오. 완전히 하나가 되어 서로 다른 사람들을 위하여 기도하고 참신한 간증을 하는 하나의 팀이 되어서 다른 믿지 않는 사람들을 영접하십시오.

이러한 모임을 통하여 하나님께서는 놀라우신 역사를 하실 것입니다. 하나님께서는 이처럼 생동력 있는 길을 통하여 다른 이웃도 구원하시고 축복하시고 그 사람들로 하여금 또 하나의 모임의 힘이 되어 일할 수 있도록 하는 것입니다.

하나의 당구공이 다른 당구공을 움직이는 것처럼 하나의 모임은 다른 하나의 모임을 움직여 탄생시킬 것입니다. 그리하여 이 지구상에 부활하신 예수 그리스도의 새 생명이 충만할 때까지 이 운동은 계속될 것입니다.

제4장

성결의 대로(大路)

 만일 우리가 승리에 찬 기독교인의 생활을 하기 원한다면 우리가 배워야 할 한 가지 중요한 사실이 있습니다.

 그것은 지극히 단순한 것입니다. 우리는 성결(聖潔)의 대로를 얼마나 복잡하게 만들었던가! 성결의 대로에 대해서 많은 책이 출판되었고 여러 가지 전문용어가 사용되었습니다. 우리는 그 비결이 "여기 있다, 저기 있다"하는 말들을 계속 들어왔습니다. 그러나 으리는 그 말이 모두 복잡한 것들이기 때문에 이론적으로는 알지만 실제 생활에서 어떻게 살아야 할지 모르는 것입니다. 지금까지 생각해 온 그 단순한 진리를 좀 더 명백하게 하기 위하여 여기에서는 이 모든 사실을 비유로써 생각해 보려고 합니다.

1. 탄탄대로

하나님께서 인간들에게 부여한 '승리의 생활'을 빠짐없이 기록한 이사야 35:8을 우리는 읽을 수 있습니다.

> 거기 대로가 있어 그 길을 거룩한 길이라 일컫는바 되리니…(사 35:8).

이 길은 사방으로 둘러싸인 늪(沼) 같은 세상에서 고속도로처럼 뚫린 탄탄대로인 것입니다. 그 길은 비록 좁고 험한 언덕 길이지만 누구나 걸을 수 있는 길입니다. 왜냐하면 이 길을 걷는 행인은 우매하나 거기에는 잘못이 없습니다.

만일 우리가 이 길을 벗어나면 많은 위험이 있습니다. 그러나 우리들이 그 길을 보존하는 동안은 안전한 대로인 것입니다. 왜냐고요? "거기는 사자가 없고 사나운 짐승이 그곳으로 올라오지 아니하기" 때문입니다. 그러나 그 길을 거닐 수 없는 사람이 있습니다. 누구일까요? 깨끗지 못한 자, 다시 말하면 거듭나지 못한 자는 지나갈 수 없다는 것입니다.

이 말씀은 예수 그리스도께서 우리의 구세주이심을 모르는 사람뿐만 아니라 그리스도인이지만 아직 회개하지 않고 깨끗지 못한 죄 가운데서 생활하는 사람까지도 포함하는 것입니다. 이 탄탄대로로 가는 유일한 길은 좁은 길입니다. 어두운 길입니다. 가기 힘든 언덕입니다. '갈보리 언덕'이란 말입니다.

이 언덕은 우리의 손과 두 를으로 특별히 무릎으로 기어올라가야 할 언덕입니다. 만일 우리들이 현재의 삶을 기독교인의 삶으로 만족한다면 그 언덕에 오를 수가 없습니다. 굶주린 사람이 먹을 것을 찾기 위하여 갈구하듯이 열강하지 않으면 오를 수 없습니다. 그리고 우리는 절대로 무릎을 꿇지 않을 것이고, 그 언덕을 결단코 오르지 못할 것입니다.

그러나 우리가 지금의 생활에 만족을 느끼지 못하고, 배가 고프다고 느낀다던 우리는 그 갈보리 언덕에 올라갈 수 있는 자신을 발견할 수 있을 것입니다. 그러나 서두르지 마십시오.

하나님께서 갈보리 언덕까지 갈 수 있는 갈급한 마음을 우리에게 주실 것입니다. 성령께서 우리로 하여금 무릎을 꿇고 밤을 지새우는 간절한 기도로써 그 언덕을 향하여 가도록 인도하실 것입니다. 단순한 구경꾼은 그 먼 길을 갈 수가 없습니다.

너희가 전심으로 나를 찾고 찾으면 나를 만나리라(렘 29:13).

2. 좁은 문

갈보리 언덕 꼭대기에는 그토록 처참하고 무자비한 십자가가 대로로 가는 길을 가르쳐 주면서 외롭게 서 있습니다. 그러나 거기에 있는 그 십자가는 시간을 나누고 또한 인간을 나누는 십자가입니다. 십자가 밑에는 좁은 문이 있습니다. 얼마나 좁고 낮은지 허리를 굽히고 기어가지 않고는 나갈 수 없는 길입니다. 그러나 그것이 유일한 저 탄탄대로로 뚫린 영원한 길입니다.

만일 우리들이 영원한 길을 거닐려면 이 좁은 문을 통하지 않고는 갈 수가 없습니다. 이 문은 자아가 깨어진 자의 문이라고 불리우고 있습니다. 자아가 깨어진 자가 그 갈보리 언덕에 갈 수 있습니다. 깨어진다는 의미는 내가 아니라 그리스도를 나타낸다는 말씀입니다. 우리 인간들은 각자가 나라는 교만하고 뻣뻣한 곧은 목을 가지고 있습니다.

이렇게 곧은 목은 에덴동산에서부터 시작하였습니다. 맨 처음 아담과 하와는 항상 하나님의 뜻에 그들의 머리를 숙이는 순종하는 생활을 하였습니다. 그러나 하나님을 떠나서 독립하고 싶었고 더구나 하나님과 같이 되려고 하였을 때 곧은 목이 되고 말았습니다.

그 이후 성경을 통하여 하나님께서는 목이 곧은 백성을 책망하셨습니다. 그리고 성경말씀은 모든 사람이 목이 곧은 인생임을 말해주고 있습니다. 우리들은 마음이 굳어져 순종하지 않습니다. 우리들은 신경질적이고 마음은 쉽게 상합니다. 우리들은 참을성이 없고 질투하고 내 이웃을 비난합니다. 우리들은 분내기 쉽고 내 이웃을 용서할 줄 모릅니다. 우리들은 하나님께 맡겨야 할 일까지도 자기의 힘과 노력으로 해보려고 합니다. 우리들은 제멋대로 사는 인생입니다.

그 방종한 생활로 인하여 우리는 얼마나 추하고 불순한 죄인이 되었습니까?

이러한 모든 것들, 그 외에도 많은 이와 비슷한 것들이 이 교만하고 뻣뻣해진 자기 자신으로부터 솟아나오는 것입니다. 만약 내가 거기에 있지 않고 예수 그리스도께서 그 자리에 계신다면 그러한 마음의 반응이 일어날 리 없을 것입니다. 우리들이 갈보리 언덕으로 들어가기 전에 하나님께서 강퍅한 우리들을 깨뜨려 주시고 예수께서 우리를 지배하시도록 해야 합니다.

자아가 깨어진다는 뜻은 하나님 앞에서나 인간 앞에서 어떠한 권리도 주장하지 않는 것입니다. 그것은 나의 모든 권리를 하나님께 바친다는 것만을 의미하는 것이 아니라 오히려 나는 지옥에 갈 권리밖에는 아무 권리가 없다는 것을 인정하는 것을 말합니다. 나 자신은 아무것도 아니며, 또한 시간, 돈, 재물, 지위 등 그 어떤 것도 자기를 위해서 갖지 않는다는 것입니다.

하나님께서는 우리의 의지를 부수고 하나님의 뜻에 순종시키기 위하여 우리들을 십자가 밑으로 이끌어 주시고 거기서 참으로 무엇이 깨어진 상태인가를 보여주십니다. 갈보리 언덕, 그 십자가 밑에서 우리는 상하신 주님의 손과 발 그리고 가시 면류관을 쓰신 주님의 사랑의 얼굴을 봅니다.

내 원대로 마옵시고 아버지의 원대로 되기를 원하나이다(눅 22:42).

우리들의 죄의 잔을 한 방울도 남기시지 않고 다 마신 주님의 완전하신 깨어짐을 볼 수 있습니다.

자아가 깨어지기 위한 길을 주님의 십자가를 바라보며 주님이 우리를 위하여 십자가에 못박히심을 깨닫는 것입니다. 그럴 때에 우리 대신 돌아가신 하나님의 사랑과 깨어짐을 볼 수 있게 되고 우리의 마음은 이상하게 녹아져서 주님을 위하여 깨어지기를 원하게 되고 우리는 기도하게 될 것입니다.

오! 사랑하는 주님
이 죄인을 구하여 주시옵소서.
당신 속에서 나를 잊어버리게 하시옵소서.
오! 사랑하는 주님
이제부터는 내가 사는 것이 아니옵니다.
내 속에 살아계시는 주님께서 사는 것이 되게 하시옵소서.

하나님 앞에서 자기를 부인하고 깨어지기를 원하는 기도를 하는 이상 더 빠른 응답을 받는 기도가 없음을 발견한 사람들이 많이 있습니다.

3. 변함없는 선택

그러나 우리가 좁은 문을 지나갈 때 단 한 번만 나를 부인하고 깨어지면 된다고 생각해서는 안 됩니다. 자기를 깨뜨린 후에도 계속해서 변함없는 선택을 해야 하는 것입니다.

어떤 사람이 우리를 멸시하고 상처를 주면 우리는 즉시 그 멸시가 우리를 보다 더 낮고 겸손하게 하기 위한 은혜의 방편으로써 받아들이거나, 아니면 이에 반항함으로써 필연적으로 생겨나는 모든 마음의 동요를 뻣뻣한 목으로 받아들이거나, 둘 중의 어느 하나를 선택해야만 하는 것입니다.

우리들의 깨어진 의지가 매일의 생활을 통하여 증명되는 것입니다. 주위의 사람들에 대한 우리의 태도가 깨어지지 않고 있다면 우리가 하나님 앞에서 깨어진 체 하여도 아무 소용이 없는 것입니다. 하나님께서 내 이웃을 통하여 항상 우리들을 시험하시고 계시는 것입니다. 그리스도인에게는 둘째 원인이라는 변명은 없습니다. 하나님의 뜻은 그의 섭리를 통하여 알려지고 그의 섭리는 우리들에게 많은 것을 요구하는 다른 사람들을 통하여 나타날 때가 너무도 많습니다. 만약 당신의 마음속에 아직 깨어지지 않은 찌꺼기가 있음을 깨닫는다면 숨기지 말고 어서 빨리 갈보리 언덕에 찾아가서 씻음을 받고 새로워져야 합니다. 예수 그리스도께서 당신의 죄 때문이 십자가를 지신 그 모습을 보는 길 이외에는 다른 길이 없습니다. 그럴 때에 당신의 심장은 예수 그리스도를 위하여 뜨거워지고 깨어지기를 원하게 될 것입니다.

깨어진 자들이 지나가는 좁은 문 위에는 예수님의 고귀한 피가 뿌려집니다. 우리가 스스로 그 길로 들어서게 할 때, 그 보혈의 피는 우리의 모든 죄를 깨끗하게 합니다. 왜냐하면 우리들이 자신을 굽히어 들어가야만 할 뿐 아니라 깨끗한 자만이 탄탄대로를 걸을 수 있기 때문인 것입니다. 예수께서 자기의 구원자이심을 알지 못하고 살아온 허무한 인생도 있을 것이고 오랜 세월 동안 예수님을 구원자로 알고 행복한 인생을 살아오신 분들도 있을 것입니다. 그러나 어느 누구도 죄에 더럽혔다는 것을 부인하지는 못할 것입니다.

교만한 죄, 질투의 죄, 분노의 죄 그리고 불순한 죄가 있습니다. 이러한 죄에 물들어 있는 것입니다. 이 모든 죄를 그의 어깨에 지시고 십자가에서 돌아가신 주님께 빠짐없이 회개할 때, 주님은 십자가 상에서 하신 말씀을 당신의 마음속 깊이 속삭여주실 것입니다.

"다 이루었도다."

그럴 때에 당신의 마음은 눈보다 더 희게 씻음을 받을 것입니다.

4. 충만한 은사

우리는 드디어 대로에 나섰습니다. 우리 앞에는 좁은 길, 언덕 길이 빛을 받으며 하늘의 새 예루살렘을 향해 뻗어있는 대로가 놓여 있음을 봅니다. 그 대로의 양쪽 둑 아래로는 캄캄한 어두움의 낭떠러지가 있습니다.

우리가 꼭 알아야 할 사실은 그 어두움은 대로의 바로 옆까지 연결되어 있다는 것입니다. 그러나 대로만은 전적으로 빛 가운데 있습니다. 우리 뒤에는 십자가가 있습니다.

그 십자가는 더 어둡고 가까이 하기 힘든 것이 아니라 빛을 발하고 영광 중에 있는 것입니다. 이제는 십자가에서 돌아가신 주님을 우리가 바로 보는 것이 아니라 부활하신 주님, 생명의 주님이 우리와 탄탄대로를 동행하시는 것입니다. 주님의 손에는 생명수와 불주전자를 들고 계십니다.

주님은 우리 곁으로 오셔서 우리들의 마음을 바치기 원하십니다. 그럴 때 우리는 마치 잔을 내어밀듯이 우리의 빈 마음을 주님께 드리는 것입니다. 주님께서는 우리의 마음을 보십니다. 그리고는 우리 마음이 보혈의 피로 깨끗이 씻어졌음을 보시고 우리의 마음을 생명수로 채워주시는 것입니다. 그렇게 될 때 우리들은 기뻐하며 하나님을 찬양하고 주님께서 주시는 새 생명으로 우리의 길을 계속 걸어가는 것입니다.

내 이웃을 사랑하며 그들의 구원문제를 항상 염두에 두면서 우리들이 성령으로 충만하여 있는 것, 이것이 진정한 부흥입니다. 애쓸 것도 없습니다. 주저할 것도 없습니다. 다만 꾸밈없이 각자의 죄를 주님의 보혈에 씻음받고 주님께서 값없이 주시는 풍성한 은혜를 받으며 우리들을 통하여 주님의 사역이 이루어지도록 주님께 맡기는 생활입니다.

주님과 동행하면서 주님께서 항상 우리 마음의 잔에 생명수를 부어주심으로 우리의 잔은 항상 넘쳐 흐르게 되는 것입니다. 그러므로 우리 그리스도인의 남은 생활은 단순하게 그 대로를 거니는 것입니다. 항상 우리의 몸가짐을 주님의 뜻 앞에 조아리고 항상 주님의 보혈의 피가 우리를 깨끗게 하심을 믿으며 예수님과 완전히 하나되는 생활을 하는 것입니다. 그 생활은 어떤 놀랄 만한 사건이나 한숨을 쉬면서 기다릴 어떤 감정적인 경험이 있는 것이 아닙니다. 예수께서 우리에게 원하시는 참 삶은 주님과 동행하면서 하루하루 평범하게 생활하는 것입니다. 이것이 참다운 그리스도인의 거룩한 생활인 것입니다.

5. 대로를 떠날 때

그러나 우리들은 때로 대로에서 미끄러져 내려가는 인생이 될 수도 있습니다. 왜냐하면 그 길은 비좁기 때문입니다. 한 발자국만 옆으로 헛디디면 우리는 미끄러져 어둠 가운데 떨어지는 것입니다. 그러한 실패의 원인은 우리가 어디엔가 주님께 순종하는 마음이 부족하여 있든지 아니면 모든 것을 하나님께 전적으로 맡길 수 없는 연약한 마음 때문입니다. 사탄은 항상 길 옆에서 우리에게 큰 소리로 유혹하고 있습니다. 그러나 사탄은 우리의 마음을 움직일 수 없습니다. 다만 우리가 우리의 뜻에 따라 사탄의 음성에 굴복하는 행동을 할 수는 있습니다. 이것이 바로 죄의 시작입니다. 여기서 예수님께로부터 떨어져 나가게 되는 것입니다. 때로는 우리가 다른 사람에게 목을 뻣뻣이 세우고 교만한 행위를 한 것을 스스로 발견합니다. 때로는 하나님께 대하여도 그러한 태도를 취합니다. 때로는 우리에게 질투와 격분이 치밀어 오릅니다. 때로는 주 안에서 편히 쉬지 않기 때문에 신경과민이 되어 몸부림치며 허둥대기도 합니다.

그 순간 그 대로에서 벗어나 미끄러져 떨어지게 되는 것입니다. 왜냐하면 깨끗하지 못한 사람은 그 대로를 거닐 수 없기 때문입니다. 우리의 잔은 더러워지고 넘쳐 흐르지 않게 됩니다. 그리고 우리는 하나님과의 화평을 잃게 됩니다. 만약 우리가 곧장 다시 대로에 돌아오지 않는다면 우리는 조금씩 더 멀리 대로에서 떠나가게 될 것입니다.

우리는 어서 빨리 돌아와야 합니다. 어떻게 돌아올까요? 먼저 우리가 할 일은 왜 우리가 대로에서 미끄러져 내려왔는가?

그 원인을 알아 즉시 하나님께 자백하는 것입니다. 그럴 때 비로소 하나님께서 보여주실 것입니다. 때로는 우리가 그 원인을 깨닫기까지는 시간이 걸릴 때도 있습니다. 어떤 형제가 나를 괴롭게 했을 때 나는 화가 치밀어 오를지도 모릅니다. 그러나 하나님께서 나에게 보여주시고자 하시는 것은 그 사람이 나에게 어떤 일을 했는가의 문제가 아니라 내가 그 형제에게 어떠한 반응을 보였는가에 대한 것입니다. 내가 만약 깨어져 있었다면 나는 화내지 않았을 것입니다. 그리하여 다시 대로를 돌아볼 때 나는 주 예수님을 다시 바라보게 되고 화를 낸다는 것이 얼마나 추하고 부끄러운 일이며, 그 화내는 일에서 나를 구하여 주시려고 예수께서 돌아가셨음을 깨닫게 되는 것입니다. 내가 다시 손과 무릎으로 대로를 기어 올라갈 때 나는 주님께 더욱 가까이 가게 되고 주님의 보혈의 피는 나를 깨끗하게 하여 주십니다. 예수께서 거기서 또 다시 나의 잔을 넘치도록 채워주시려고 기다리고 계십니다.

어디에서 그 대로를 떠났는가는 문제가 아닙니다. 예수께서는 당신에게 돌아오라고 부르고 계십니다. 마음이 깨어지기를 원하십니다. 주님의 피가 당신을 씻어주실 것입니다. 당신은 깨끗하여질 것입니다. 이것이야말로 대로에 이르는 가장 중요한 비결입니다. 그리고 죄가 들어왔을 때 그 죄를 어떻게 처리할 것인가를 알아야 합니다. 그 비결은 항상 죄를 십자가로 가져가고 거기서 깊은 참회의 눈물로 죄를 깨닫고 하나님께 꾸밈없이 고백하는 것입니다. 예수님의 보혈의 공로를 통하여 죄가 사하여졌음을 믿는 것입니다.

그러므로 대로를 거닐면서 언제나 우리의 시금석이 되는 것은 항상 잔이 넘쳐흐르는가? 우리의 마음이 하나님과 화평을 누리고 있는가? 우리는 다른 형제들을 사랑하고 그들을 위하여 염려하는가 하는 것을 스스로 물어보고 대답을 해보는 것입니다. 이런 것들이 대로를 거닐 수 있는 지표(barometer)입니다.

만약 당신의 마음이 동요되어 있다면, 어디엔가 죄악이 들어와 있는 증거입니다. 자기를 사랑하고, 이기주의에 빠져 생각으로나 행동으로나 방종해 있는 것, 신경과민, 신경질을 내는 것, 자기 변명, 자기 자신의 영광을 위한 노심초사, 자기 의식, 부끄러워하거나 내성적인 기질, 염려하거나 두려워하는 것 등 이런 모든 것이 들어왔다면 당신은 죄인이며 대로를 떠날 수 있는 가능성이 있는 것입니다.

6. 내 이웃과 동행하면서

대로에 관해서 아직 이야기하지 못한 한 가지 중요한 사실이 있습니다. 대로는 우리가 홀로 걸어가는 것이 아닙니다. 다른 이웃이 우리와 동행합니다. 물론 예수께서 우리와 함께 동행하십니다.

또 거기에 다른 동행자와 사이좋게 교제를 하면서 대로의 도덕률을 지킨다는 것은 예수님과 교제한다는 사실만큼 중요한 것입니다. 참으로 동행자와의 관계는 밀접하게 연결되어 있습니다. 우리들이 우리들의 이웃 동료와 교제한다는 것과 하나님과 교제한다는 사실은 얼마나 밀접한 관계인가? 내 이웃과의 교제가 불안하다면 하나님과의 교제도 틀림없이 불안한 것입니다. 내 이웃에게 참을성 없는 행위, 분노를 발하는 것 또는 질투를 한다면 우리와 하나님 사이에도 그런 것이 있다는 증거입니다. 이러한 장벽은 얼굴에 쓰는 베일처럼 희미하게 보일 것입니다. 어느 정도 베일을 통해서도 볼 수 있는 그 정도의 베일 말입니다. 그러나 즉시로 희미한 장벽을 제거하지 않는다면 그것은 담요만큼 두터워질 것이고 그것이 더 커지면 철

창처럼 될 것입니다. 그렇게 되면 그것은 하나님과 우리 사이 또한 동행자들과 우리 사이를 가로막아 스스로 한 곳에 갇히게 할 것입니다.

왜 이 두 관계가 이렇게 밀접한 관계에 있겠습니까? 그 이유는 명백합니다. 하나님은 사랑이십니다. 이 말씀은 하나님께서 내 이웃을 사랑하신다는 것입니다. 우리가 이웃을 사랑하지 않는다면 그 순간 우리는 스스로 하나님과의 교제를 끊는 것입니다. 왜냐하면 하나님께서는 내 이웃을-우리는 그를 사랑하지 않을지라도-사랑하시기 때문입니다. 그러나 이보다 더 중요한 것은, 이러한 죄의 결과는 우리로 하여금 어두움에서 행하게 하는 것입니다(요일 2:9-11). 이것은 우리들이 참으로 어떠한 사람인가? 어떠한 감정을 지니고 있는가를 감싸고 숨기는 것입니다. 이것이 성경에서 어두움이란 말씀의 참 뜻입니다. 왜냐하면 빛이 나타나면 어두움은 숨기 때문입니다.

죄가 인간에게 들어와서 맨 처음 일으키는 결과는 인간으로 하여금 어두움 속에 숨어있기를 좋아하게 하는 것입니다. 그 결과는 무엇입니까? 겉치레하는 것입니다. 가면을 쓰는 것입니다. 그리하여 우리는 하나님 앞에서나 사람들 앞에서 진실하지 못하게 되는 것입니다. 물론 하나님께서나 인간은 참되지 않은 사람과는 교제를 할 수가 없습니다.

진실로 예수님과 다시 교제를 회복하는 길은 또한 네 이웃 형제들과의 교제를 회복하는 길이기도 합니다. 사랑 없는 행위는 죄임을 깨달아야 합니다. 그리고 회개하여 예수님의 보혈의 피로 씻음을 받아야 하는 것입니다. 그럴 때 우리는 우리의 형제들과도 정상적인 교제를 회복하게 되는 것입니다. 우리가 예수님께 돌아올 때 우리의 형제들을 얼마나 사랑하시는가를 발견하게 될 것입니다. 우리의 마음속에 주님의 사랑이 가득 차 그 사랑을 형제에게 행동으로 나타내고자 원하게 되면 우리들은 서로 교제를 회복하고, 대로에서 오손도손 이야기하며 동행하게 될 것입니다. 그리하여 드디어 대로의 생활이 시작됩니다. 이것은 어떤 새롭다거나 놀라운 교리가 아닙니다. 이것은 우리가 가르쳐야 할 새로운 비밀이 아닙니다. 그것은 정말로 평범한 길입니다. 그것은 주님께서 우리에게 주신 환경 속에서-그것이 어떠한 환경이든지-하루하루를 조용히 살아가는 것입니다. 그것은 우리가 지금까지 읽고 들어온 그리스도인의 신앙생활과 조금도 모순되는 것이 아닙니다. 다만 성화(Sanctification)의 대진리를 알기 쉽게 간단한 비유로 이야기한 것입니다.

이러한 생활을 시작한다는 것이 바로 우리들의 생활에 부흥이 일어났다는 것을 말합니다. 이러한 생활을 계속하는 것은 곧 부흥을 계속하는 것입니다.

부흥이란 너와 내가 예수님과 완전한 한 몸이 되어서, 또한 다른 동행인들과 하나가 되어서 걸어가는 것입니다. 항상 우리의 잔을 깨끗하게 하여 하나님의 생명과 사랑에 충만하여 대로를 걸어가는 것입니다.

The Calvary Road

제5장

비둘기와 어린 양

　승리의 생활과 효과적인 구령(救靈) 운동은 인간들이 좀 더 선하여지고 열심히 노력함으로 얻어지는 소산물이 아닙니다. 다만 이것은 성령의 역사로 나타나는 결실입니다. 우리가 부르심을 받은 것은 열매를 생산하기 위함이 아니라 다만 열매를 맺기 위함입니다. 그 열매는 언제나 주님의 열매이어야 합니다. 그러므로 가장 중요한 일은 우리가 계속적으로 성령이 충만해야 하고 또 "여호와의 나무가 수액(樹液)이 충군함이여"와 같은 상태를 계속적으로 유지해야 할 것입니다.

　예수께서 세례를 받으실 때에 어떻게 성령이 주님께 임하였는가 하는 것이 요한복음 1장에 생생하게 기록되어 있습니다. 세례 요한은 예수께서 오시는 것을 보고 주님을 가리켜 말하기를 "보라. 세상 죄를 지고가는 하나님의 어린 양이로다"라고 외쳤습니다. 그리고 주님께 세례를 줄 때, 요한은 하늘 문이 열리고 하나님의 영이 비둘기와 같이 예수님의 머리 위에 내리는 것을 보았습니다.

1. 예수님의 겸손

평화를 상징하는 비둘기가 어린 양 예수님에게 내려와서 그 위에 머물렀다는 이 아름다운 장면은 성경을 통해서 듣는 우리에게 풍성한 하나님의 세계를 연상케 합니다.

어린 양과 비둘기는 분명히 하나님의 모든 피조물 가운데 가장 온유한 동물들입니다. 어린 양이 온유와 순종을 상징한다면 비둘기는 평화의 상징입니다. 이 의미는 하나님의 마음속에 겸손함이 있다는 것을 암시하지 않습니까?

영원하신 하나님께서 그의 독생자 안에서 자신을 나타내시기로 결정하셨을 때 하나님은 그에게 어린 양의 이름을 주셨습니다. 그리고 성령이 이 세상에 임하여야 할 때 성령은 비둘기의 모양으로 나타나신 것입니다. 그러므로 우리가 하나님과 동행할 때 겸손해야만 합니다. 그것은 하나님께서는 말할 수 없이 크시고 우리는 지극히 작은 피조물이기에 마땅히 겸손해야 한다는 것이 아니라 예수님으로 나타나신 하나님 그 자신이 근본적으로 자비하시고 겸손하신 창조자이기 때문입니다.

비둘기 모양으로 나타나신 성령께서 예수님께 내려오시고 또 예수님께 머무신 것은 예수님이 온유한 어린 양이기 때문입니다. 여기서 우리는 위대한 주님의 모습을 볼 수 있습니다. 겸손하고 순종하며 자신을 굴복시키는 어린 양 대신 다른 성품을 지니시고 예수께서 나타나셨다면 비둘기는 결코 그 위에 머물러 쉴 수 없을 것입니다. 예수께서 근본적으로 자비하시고 겸손하지 않으셨다면 비둘기는 놀라서 날아가지 않을 수 없을 것입니다.

우리는 여기서 우리가 어떤 상태에 있어야 이와 같이 성령이 우리의 위에 임하시고 우리 안에 거하실 수 있는가 하는 것을 상상할 수 있지 않습니까? 비둘기는 우리가 어린 양과 같이 되기를 원할 때에만 우리 안에 거할 수 있는 것입니다. 나 자신이 완전히 깨어지기 전에 성령이 우리 위에 임하는 것은 절대로 불가능한 일입니다. 우리 자신이 깨어지지 않고 인간의 모습 그대로는 온유한 비둘기와는 정반대의 상태입니다.

갈라디아서 5장에 있는 성령의 열매 아홉 가지를 다시 읽어 봅시다.

> 사랑과 희락과 화평과 오래참음과 자비와 양선과 충성과 온유와 절제니 이같은 것을 금지할 법이 없느니라(갈 5:22-23).

비둘기 같은 성령은 우리에게 성령을 충만하게 채워주시기 위해 오랫동안 참으며 기다리고 계십니다. 그 반면에 깨어지지 않은 자아를 지닌 사람을 가리켜 신약성경은 육체의 일을 하는 사람이라고 하는데, 그 인생의 추악함과 타락함을 봅니다. 그것은 마치 울부짖는 이리와 비둘기와 비교함과 같은 것이 아닙니까?

2. 어린 양의 성질

성령이 우리들의 모든 잘못된 점을 깨우쳐주실 때 비로소 우리는 '어린 양'과 같이 되기를 원하며 이러한 경우에 비로소 성령께서 우리에게 오시고 또 머무시는 것은 너무도 명확한 일입니다. 우리 죄인을 위해 십자가를 지시고 험악한 갈보리 산상을 걸어가신 어린 양과 같은 주님을 바라볼 때, 주님이 걸어가신 그 길을 우리는 좇아가지 않으려고, 또 십자가를 지지 않으려고 얼마나 애쓰는가를 깨달을 때, 비로소 우리는 양심의 가책을 받고 아주 겸손한 마음으로 변화됩니다.

어린 양이 되신 우리 주님을 잠시 바라봅시다. 주님은 순결한 어린 양이었습니다. 어린 양은 하나님의 피조물 가운데 가장 순결한 것입니다. 어린 양은 자신을 위해 어떤 목적이나 계획을 갖지 않고 다만 의지할 곳도 없이 단순하게 삽니다. 예수님은 자신을 비우시고 단순한 주의 어린 양이 되셨습니다. 그는 자신의 어떤 힘이나 자신의 지혜를 취하지 아니하시고 많은 고통의 순간을 벗어나기 위한 계획도 없이 다만 하나님만을 의지하셨습니다.

"아들이 아버지의 하는 일을 보지 않고는 아무것도 할 수 없습니다." 그러나 그 반대로 우리는 얼마나 복잡합니까?

우리는 우리 자신을 위한 계획과 어려운 난관에서 벗어나려고 허덕이고 있지 않습니까? 우리들이 마치 무엇이나 된 것같이 또 큰 일을 할 것같이 그리스도인의 생활하는 데, 또 하나님의 일을 하는 데에 우리 자신의 노력과 지혜만을 믿을 때가 얼마나 많이 있습니까? 이와 같이 우리가 우리 자신을 의지하고 단순한 어린 양이 되기를 원치 않기 때문에 성령의 비둘기는 우리로부터 멀리멀리 날아가는 것입니다.

3. 깎임을 원함

우리 주님은 어린 양이 털 깎는 자 앞에서 잠잠한 것같이 그의 권리와 명예 또한 그에게 주어진 인류의 자유를 위해 깎임을 받는 어린 양이 되셨습니다. 그는 공격을 당하여도 반항하지 않고 우리들 때문에 희롱과 조소를 당하여도 잠잠하셨습니다. 그는 "너희들은 결코 나를 이렇게 대우할 수가 없다. 너희는 내가 전능하신 하나님의 아들인 것을 모르느냐?"하고 말씀하지 않으셨습니다. 그러나 우리가 주님과 같은 처지를 당했을 때, 아! 우리는 얼마나 아픔을 당하고 권리를 빼앗길 때 반항을 합니까? 우리는 주님을 위해 우리들의 손해를 보는 것을 원하지 않습니다. 우리는 또 얼마나 명예와 지위에 따라 존경받기를 원합니까? 우리는 지금까지 반항했고 싸웠습니다. 우리가 어린 양과 같이 깎임을 당하지 않고 잠잠하지 않기에 성령의 비둘기는 날아갈 수밖에 없습니다. 그러므로 우리는 마음의 평화를 잃고 사랑이 없는 가운데 있게 됩니다.

4. 주님은 대답하지 않으셨다

다음에 한 걸음 더 나아가 주님은 잠잠한 어린 양이었습니다. "털깎는 자 앞에 잠잠한 양같이 그 입을 열지 아니하셨도다." 사람들이 방해할 때 그 앞에서 "아무 대답도 하지 않으셨습니다." 그는 자신을 위해 변호하지도 않고 자신을 합리화하려고 하지도 않았습니다. 그러나 우리는 다른 사람이 우리에게 불친절하거나 거짓을 말했을 때 결코 침묵을 지키지 않습니다. 우리는 큰 음성으로 자신을 방어하기 위해 크게 떠들며 매우 분노하곤 합니다. 우리는 우리의 잘못을 솔직히 시인해야 할 때도 자신을 합리화하려고 변명합니다. 이럴 때 또한 성령의 비둘기는 우리로부터 날아가고 하나님의 축복과 평화가 우리 마음에서 사라집니다.

5. 원망하지 않으셨다

주님은 또한 흠 없는 어린 양입니다. 그는 아무 말도 하지 않고 그를 십자가에 못박은 사람들을 향해서도 사랑하는 마음 외에는 품지 않으셨습니다. 그들을 향해 분노하거나 원망스러운 생각도 하지 않으셨습니다. 그들이 주님의 손을 십자가에 못박을 때도 오히려 그는 "내가 너희를 용서하노라" 하고 낮은 음성으로 말씀하셨고, 또 아버지께 그들의 죄를 용서해 주시기를 기도했습니다. 주님은 겸손한 마음으로 우리를 위해 고통을 당했습니다.

그러나 우리는 얼마나 많은 사람을 향해 원망과 분함과 악한 생각을 우리 마음속에 품고 있습니까? 예수님을 조롱하고 침 뱉고 심지어 십자가에 못박은 자들과 비교하면 아무것도 아닌 사소한 일을 가지고 말입니다. 이러한 일은 우리 마음속에 상처를 남기고 성령의 비둘기는 우리가 예수님의 십자가를 바라보며 모든 것을 참고 용서하기를 원하지 않으므로 멀리멀리 우리에게서 떠나 버립니다.

6. 오! 성령의 비둘기여, 돌아오소서!

우리에게 현재 주시는 하나님의 축복을 가지고 생각하는 한 이러한 모든 행동과 태도는 우리 그리스도인의 생활에서 성령을 내쫓는 결과이며 모든 것은 죄입니다. 죄는 주님의 몸된 교회에서 성령의 부흥을 방해합니다. 지금 우리의 모든 문제는 "성령의 비둘기가 어떻게 다시 그의 은혜와 힘을 가지고 우리 생활 가운데 돌아올 수가 있는가?" 하는 것입니다. 이에 대한 대답은 간단하고 쉽습니다. 그것은 하나님의 아들이신 '어린 양'만이 하실 수가 있습니다. 그는 유순한 어린 양이요, 깎임을 받은 어린 양이요, 잠잠한 어린 양이요, 흠없는 어린 양이요 특히 그는 대속하시는 어린 양입니다.

유대인들에게 있어 하나님께 바치는 어린 양은 항상 속죄(대속)하는 제물이었습니다. 사람의 죄를 위해 죽음을 당하시고 또 그의 보혈의 피가 우리의 죄를 사하기 위해 제단에 뿌려질 때 그 어린 양은 사명을 다한 것입니다.

이 일에 비해 어린 양의 겸손이나 순종은 매우 적은 부수적인 것에 불과합니다. 주님께서 이 땅에 오셔서 어린 양이 되신 것은 우리의 죄를 위해 십자가에서 고통을 당하시며 돌아가기 위한 어린 양이 되기 위해서였습니다. 또한 십자가에서 보혈의 피를 흘리신 것은 우리가 우리 죄를 회개할 때 우리 죄를 용서해 주시고 모든 더러움에서 깨끗하게 하려 함이었습니다. 뿐만 아니라 주님은 우리를 십자가 밑으로 데리고 가서서 우리의 더러운 죄가 어린 양을 상하게 하고 아픔을 당하게 한 것을 보여주기를 원하십니다.

오래전에 불려진 흑인영가에는 이러한 가사가 있습니다.

"그들이 우리 주님을 십자가에 못박고 있을 때 당신은 그 곳에 있었습니까?"
"예, 우리는 거기 있었습니다."

우리는 자신을 깨뜨리기를 원하지 않았기 때문에 로마 사람들이 갈보리에서 주님을 못박을 때 그 무리들 가운데 있었다는 것을 의미합니다. 그리고 온유한 어린 양도 로마 사람들이 (또 우리들이) 그를 십자가에 못박는 것을 기꺼이 받으셨습니다. 그것은 마침내 우리의 죄를 깨닫고 주님께로 돌아올 때 우리를 용서하여 주실 보혈의 피를 흘리사 우리의 모든 죄에서 깨끗하게 하시기 위함이었습니다.

이 사실을 심각하게 생각할 때 교만한 우리의 마음은 깨어지고 눈물의 회개를 하지 않을 수 없습니다. 우리의 죄가 주 예수님의 가슴 속에 박힌 것을 볼 때 비로소 우리는 마음이 깨어지고 죄를 시인하여 그 더러운 죄를 주님의 십자가 앞에 내어놓게 되는 것입니다. 이럴 때 어린 양의 피는 흰 눈보다 더 희게 하고 성령의 비둘기는 화평과 기쁨을 가지고 우리의 마음속에 거하시는 것입니다.

말 구유까지, 아니 갈보리 십자가까지 자신을 낮추시고 비우신 주님! 저는 이렇게 교만하고 겸손을 몰랐습니다.

주님은 아버지 뜻에 자신을 굽히시고 빛 가운데 거하시기를 선택하셨건만 저는 안식을 찾아 헤매었고 제 힘으로 옳은 일을 해보려고 애썼습니다. 그러나 주님은 저를 깨뜨리시고 깨끗하게 하시고, 채워 주시고 주 안에 저를 거하게 하셨습니다. 이렇게 주와 맺은 교제는 끊어질 수 없으며 주님은 거룩하고 거룩하십니다!

아프리카에서 일하는 진실한 주님의 종이 많은 교인들에게 이와 같이 설교한 적이 있습니다. 그가 모임에 참석하기 위해 한 언덕을 올라가고 있었을 때 그는 뒤에서 들려오는 발자국 소리를 들었습니다. 뒤를 돌아다보니 거기에는 한 사람이 아주 무거운 짐을 그의 등에 지고 언덕을 올라오고 있었습니다. 이 때 그는 그 모습이 딱하게 보여 동정하는 마음으로 말을 했습니다. 이때 그는 그 사람 손에 못자국을 발견하고 그분이 바로 예수님인 것을 알았습니다. 그는 주님께 물었습니다.
"주님은 온 세상의 죄를 언덕 위까지 지고 가십니까?"
주님은 대답하셨습니다.

"세상의 죄가 아니라 바로 너의 죄니라!"

이 아프리카의 신자가 하나님께서 자기에게 보여주신 환상을 간단하게 사람들에게 설명했을 때, 그 모임에 참석했던 사람들과 그는 마치 십자가에 달린 그들의 죄를 보는 것처럼 마음이 깨어졌습니다. 이와 같이 우리의 마음도 깨어져야 합니다. 그리고 그렇게 깨어질 때 비로소 우리가 죄의 고백과 죄의 용서함을 받게 됩니다. 그리고 하나님과 화목하고 죄를 진심으로 회개할 때 생기는 믿음이 바로 주님께서 자신을 비워 낮추신 것같이 우리 자신이 겸손하여지고 낮아지기를 원하게 됩니다. 그 믿음의 잔이 우리 마음에 차고 넘칠 때 성령의 비둘기는 우리에게 돌아올 것입니다.

성령이여 임하소서.
오! 성령의 비둘기여 임하소서.
나의 영원한 안식의 성령이여 임하소서.
당신을 슬프게 하고 당신을 떨리한 나의 죄를
내가 지금 회개합니다.

7. 성령의 비둘기 아래

우리가 예수님의 보혈의 피로 깨끗하여지고 겸손히 어린 양과 동행할 때 성령이 함께 하시고, 마음의 평안이 충만하여진다는 것을 가르쳐 줍니다. 주님은 우리들의 화평의 상징이십니다.

> 하나님의 평강이 너희 마음을 주장케 하라(골 3:15).

이것이야말로 우리가 주님과 가까이 동행하는가 안하는가를 알게 합니다. 우리의 마음속에서 언제든지 비둘기의 노랫소리가 멈추고 또 마음의 평안이 없다면 이것은 우리 마음속에 죄가 있다는 증거입니다.

때때로 우리가 겸손하지 않을 때 그때마다 그 원인이 무엇인가를 주님께서 보여주실 것을 기도해야 합니다. 그리고 그 원인이 무엇인가를 알고 난 후에는 곧 주님께 자백하고 그 죄를 주님의 십자가 옆으로 가져가야 합니다. 그러면 성령의 비둘기는 우리 마음속의 바른 자리에 다시 임하시고 하나님의 평안은 우리와 함께 하실 것입니다. 여기서 우리는 타락한 인간에게까지 주신 주님의 보혈의 피로 과거, 현재 또 계속적으로 깨끗함을 받으며 성령이 우리 안에 항상 거하시는 것을 알게 됩니다.

우리는 오늘부터 성령의 비둘기와 하나님의 평강이 우리의 생활을 통치하게 하고 날마다 그분을 우리 모든 일의 주인으로 모셔야 합니다. 그러면 우리는 항상 주 앞에서 죄의 사함을 받고 또 겸손한 생활도 할 수 있습니다. 이럴 때 우리는 하나님의 어린 양을 진실로 본받을 수 있고 또 승리의 생활을 한다면 이것은 자기 자신을 정복한 것입니다.

> 누구든지 공력이 불타면 해를 받으리니 그러나 자기는 구원을 얻되 불 가운데서 얻은 것 같으리라 (고전 3:15).

The Calvary Road

제6장

가정에서의 부흥

수천 년 전 우리가 알고 있듯이 세상에서 가장 아름다운 에덴 동산에 한 남자와 한 여자가 살고 있었습니다. 그들은 창조자의 형상을 닮아 창조되었습니다. 모든 피조물과 그들 상호간에 창조자의 섭리를 제시하며 모든 시간을 주님께 영광돌리기 위하여 살았습니다. 그들은 겸손하게 창조자 앞에서 피조물로서 그들의 위치를 알고 있었습니다. 다시 말하면 하나님께 완전히 순종하고 그의 뜻에 전적으로 복종하는 생활을 즐기고 있었던 것입니다. 이들은 언제나 그들의 뜻을 하나님의 뜻에 순종하고 그들 자신을 위해서 살지 않고 하나님의 영광을 위해서 살았기 때문에 그들 자신의 생활에서도 서로 순종하는 아름다운 생활을 하였던 것입니다. 그러므로 이 아름다운 동산에서 처음으로 이루어진 첫 가정에 있어서는 절대적인 조화와 평화와 사랑과 연합이 하나님과 이루어졌으며 인간 사이에도 같게 이루어졌던 것입니다.

그런데 어느 날 하나님 중심의 이 가정에 뱀이 들어와서 사람과 함께 죄를 지었기 때문에 이 조화는 깨지고 말았습니다. 그리하여 그들이 하나님과의 화평과 교제를 잃었을 뿐만 아니라 바로 그 때문에 사람과 사람 사이에 맺었던 조화까지도 상실하게 되었던 것입니다.

그들은 하나님의 영광을 위한 생활을 더 이상 계속하지 않고 자신을 위해서 살았습니다. 그들은 자신이 하나님이 되었습니다. 참 하나님을 위해서 사랑하며 사는 생활을 계속할 수 없었습니다. 평화와 조화와 사랑과 화목 대신에 불화와 증오 속에서 다른 말로 바꾸어 말하면 죄 가운데서 살기 시작했습니다.

1. 부흥은 가정에서 출발한다

죄가 처음으로 들어온 곳은 가정이었습니다. 우리가 어느 곳에서 보다 죄를 가장 많이 짓게 되는 곳은 가정일 것입니다. 그렇기 때문에 맨 처음으로 부흥이 필요한 곳은 우리의 가정입니다. 오늘날 교회, 국가 그리고 전 세계적으로 부흥운동이 절실히 요구되고 있습니다. 그러나 가정이 부흥하지 않고 교회가 부흥된다면 그것은 완전히 위선적인 부흥입니다.

부흥을 시작하기 가장 어려운 곳이 가정이요, 가장 많은 희생이 요구되는 곳도 가정입니다. 그러나 부흥이 가장 필요한 곳은 두말할 것 없이 가정인 것입니다. 그러므로 우리는 무엇보다도 먼저 참 부흥이란 구엇을 의미하는가를 다시 한 번 생각해 봅시다.

부흥은 단순히 영적 생명이 희미하게 약해진 마음속에 새 생명이 시작되는 것을 의미합니다. 그러나 그것은 절대로 자기 노력이나 자기를 기초로 한 활동에서 시작되는 새 생명은 아닙니다. 그것은 인간의 생명이 아니요 하나님의 생경입니다. 우리를 만족하게 채워주시고 우리를 통하여 넘쳐 흐르는 예수님의 생명입니다. 그리고 그 생명은 우리와 함께 사는 모든 사람과 교제하며 하나가 되는 것으로 표시되는 것입니다. 다시 말하면 우리와 하나님과의 사이를 누구도 가로막을 수 없고 우리와 이웃 형제와의 사이에도 어떠한 틈이 있을 수 없는 것입니다.

진실로 가정은 우리가 경험하는 이 부흥운동의 사실을 다른 어느 곳에서보다도 먼저 경험하고 고백해야 할 곳입니다. 그러나 오늘을 사는 그리스도인들은 스스로 그리스도인이라고 공언하고 있지만 자기의 가정에서조차 부흥이 없는 다른 생활을 하고 있지는 않습니까? 약간 화가 치밀어 오른다거나 다투는 성격, 자기 고집 그리고 가정에서 곧잘 분노를 내는 것입니다.

가족 사이에도 어떤 분명한 간격이 생긴 것이 아닌 경우인데도 그리스도인으로서 마땅히 가져야 할 완전한 결합과 사랑의 교제가 결핍되어 있다는 것입니다. 우리 식구들 사이에 어떤 장막이 있다고 하면 꼭 마찬가지로 우리와 하나님과의 사이에도 장막이 있는 것입니다. 그것은 우리와 하나님과의 교제를 방해하고 따라서 우리 마음속에는 하나님의 축복이 넘쳐흐르지 못하게 되는 것입니다.

2. 무엇이 우리 가정에서 잘못된 것인가?

그러면 우리 가정에 있어서 본질적으로 잘못된 것이 무엇입니까? 우리가 가정에 대해서 말할 때 남편과 아내, 부모와 자녀, 형제 자매 혹은 여러 가지 환경으로 함께 살게 된 다른 사람과의 사이에서 존재하는 상호관계를 우리는 가정생활이라고 말합니다. 많은 가정에서 볼 수 있는 잘못된 점은 가족구성원끼리 서로 마음과 마음을 터놓고 살고 있지 않다는 것입니다.

우리들은 서로 두꺼운 병풍을 치고 그 속에서 숨어 살고 있습니다. 가족끼리도 당신의 참 모습을 모르고 있고 또한 당신도 식구들이 마땅히 그것을 알아야 할 것이라고 생각지도 않는 것입니다.

우리와 가장 밀접한 관계를 가지고 있는 가족들까지도 우리들 마음속에 일어난 일들을-우리의 어려움, 견딜 수 없는 고민 또한 실패당한 일들을-모르고 어물어물 살고 있는 것입니다. 뿐만 아니라 주님께서 우리를 깨끗하게 씻어주시는 일까지도 모르고 있는 것입니다.

밝지 못한 이러한 생활의 그늘 속에 묻혀있는 것은 모두 죄의 결과입니다. 맨 처음 저지른 죄의 첫 결과는 아담과 하와로 하여금 동산의 나무 뒤로 하나님을 피하여 숨게 하였습니다. 하나님과의 사이에 아무것도 감추지 않고 밝은 생활을 하던 아담과 하와가 죄 때문에 하나님을 피하여 숨게 된 것입니다. 그리고 만일 그들이 하나님을 피해서 숨어 있었다고 한다면 아담과 하와 사이에도 서로 피하며 숨었을 것입니다. 아담의 마음속에는 결단코 하와에게 알릴 수 없는 원망과 미움이 있었을 것입니다. 그때 이후 이런 못된 습관이 지금까지 변함없이 우리 가족들 사이에까지 내려오고 있는 것입니다.

우리는 하나님 앞에서 무엇인가를 숨기고 있으므로 우리 형제들 사이에서도 또한 서로 숨기고 있는 것입니다. 우리들은 가면 역할을 하는 서로 막힌 두꺼운 담벽 속에 참된 자아의 모습을 숨기는 것입니다. 때로 우리는 농담인지 진담인지 모르는 형식을 취해서 우물쭈물 비상수단을 써서 자기 모습 그대로를 숨기는 것입니다. 우리는 이웃 형제들이 가까이 와서 우리의 적나라한 본체를 보는 것이 무서워서 참된 이야기를 주고받지 못합니다. 그래서 우리는 형제들에게 허세 부리는 것을 일삼는 것입니다. 우리는 형제들에게 참 모습을 보이지 않습니다. 어느 누구도 참 모습이 아닌 사람과는 깊은 교제를 할 수 없습니다. 따라서 행복해야 할 가정에서의 단합과 밀접한 사랑의 교제는 불가능하게 되는 것입니다. 이것을 가리켜 성경은 어둠에서 생활하는 것이라고 우리에게 교훈합니다. 왜냐하면 어두움은 무엇이고 여지없이 숨기고 본체를 드러내지 않기 때문입니다.

3. 사랑의 결핍

우리 가정에 있어서 잘못된 점은 서로 참된 사랑이 결핍되어 있다는 것입니다. 어떤 사람은 이렇게 말합니다. "정말입니다. 우리 가정에서는 사랑이 결핍되어 있지 않습니다. 남편이 나를 사랑하고 내가 남편을 사랑하는 것은 다른 어떤 가정도 따르지 못할 것입니다"라고 말입니다.

그러나 잠깐 생각해 봅시다. 그것은 우리가 생각하고 있는 사랑이 참으로 어떤 것인가에 달려있는 것입니다. 사랑은 순간적인 기분에 좌우되는 감정도 아닙니다. 뜨거운 열정도 아닙니다. 고린도전서 13장에 있는 귀한 말씀을 우리는 잘 압니다. 그것은 우리에게 참 사랑이 무엇인가를 가르쳐주는 말씀입니다. 이 말씀으로 우리의 자아를 시험해 본다면 우리는 참으로 내 가정에서 내 이웃 형제들과 사랑하고 있지 않을 뿐더러 우리의 태도가 항상 사랑의 정도(正道)에서 벗어나 반대방향으로 가고 있음을 고백할 것입니다. 서로 미워하면서 살고 있음을 발견할 것입니다. 여기서 참사랑에 대해서 성경말씀으로 배워봅시다.

사랑은 오래 참고(인내를 가르칩니다)

사랑은 온유하며 투기하는 자가 되지 아니하며(시기하지 않는다는 말씀입니다)

사랑은 자랑하지 않으며(자만하지 않는 것입니다)

교만하지 아니하며(자만하지 않는 것입니다)

무례히 행치 아니하며(교양이 없는 행위를 않는 것입니다)

자기의 유익을 구치 아니하며(이기주의자가 아닌 것입니다)

성내지 아니하며(신경질을 부리지 않는 것입니다)

악한 것을 생각지 아니하며(다른 형제들에 대한 나쁜 생각을 하지 않는 것입니다)

우리 가정에서 이 말씀에 비추어 볼 때 대답할 자신이 있습니까? 솔직히 고백하지요. 이 말씀에 반대되는 너무도 많은 행동을 했지요. 우리는 인내심이 없고 우리가 어떤 문제에 대해서 답변을 하든지 어떤 일을 할 때에도 친절하지 못했습니다. 우리 가정에서는 또한 시기하는 일이 많습니다.

남편과 부인 사이에도 각각 타고난 성품을 이해하지 못하고 미워합니다. 심지어는 영적인 상상조차도 시기할 때가 있습니다. 부모님이 그들의 자녀에 대하여 불평할 때도 있습니다. 때로는 형제 자매 사이에도 무섭게 질투하며 싸우는 일도 있습니다.

"무례히 행치 아니하며." 이 말씀은 예의범절에 관한 말씀 아닙니까? 예의란 작은 일에 있어서도 품위를 사랑하는 것입니다. 그러나 우리는 작은 일은 대수롭지 않게 생각합니다. 그리고 우리 가정에서는 이런 예의를 지키지 않아도 되는 것으로 생각합니다.

"교만하지 아니하며" 이 말씀은 자만한 행동에 관한 말씀입니다. 우리는 어떠합니까? 우리는 자기를 과대평가하지 않았습니까? 이 교만은 자기 독선에서 오는 것입니다. 우리는 자신이 모든 것을 다 아는 양 행동합니다. 무슨 일이든지 자기 고집을 내세우고 잔소리를 많이 합니다. 다른 사람 머리 위에 서기를 원합니다. 이와 같은 행위는 다른 사람을 무시하고 얕보는 경향으로 인도되는 것입니다. 우월감을 갖는 이러한 태도는 자기를 남의 위에 세우는 것입니다. 우리의 마음속에 어떤 사람을 멸시할 때, 우리는 무슨 일에든지 남을 비난하고 싫어하는 것입니다. 그러면서도 우리는 그들을 사랑하고 있다고 생각합니다.

"자기의 유익을 구치 아니하며." 이기적인 것을 버려야 한다는 것에 대해서는 우리는 어떻습니까? 하루에도 몇 번씩이나 우리는 우리의 욕심과 우리의 이익을 위해서 형제들 앞에서 자기를 내세우지 않습니까? 우리는 얼마나 빨리 신경질을 잘 냅니까? 우리는 얼마나 많이 내 형제를 자극하고 속게 했습니까?

우리는 형제들이 한 일이나 하다가 남긴 일에 대하여 얼마나 많이 불평하고 미운 생각으로 가득 차 있었습니까? 이렇게 하고도 우리는 우리 가정에서 사랑의 결핍이 없다고 말하고 있는 것입니다. 이런 일들이 매일매일 내 일상생활에서 일어나고 있지만 우리는 이것을 아무것도 아닌 것으로 생각하고 있는 것입니다 이러한 일들은 사랑의 반대 행위입니다. 사랑의 반대는 미움입니다.

참지 못하는 이유는 미워하기 때문입니다. 시기라는 것도 미움이기 때문입니다. 자만심과 자기 뜻대로 살려고 자기 주장만 고집하는 것도 그리고 이기적인 심보, 성미가 급한 것, 분내는 것도 증오에서 오는 것입니다. 미워하는 것은 죄입니다.

"빛 가운데 있다 하며 그 형제를 미워하는 자는 지금까지 어두움 가운데 있는 자라."

무엇이 긴장입니까? 장애물입니까? 그리고 불화의 원인입니까? 하나님과의 교제를, 내 형제와의 교제를 불가능하게 만드는 것은 미움에서 오는 것입니다.

4. 오직 한 길이 있습니다

지금 우리의 긴급한 질문은 "내가 우리 가정에서 새 생명과 부흥을 원하는가?' 입니다.

이 문제에 대하여 우리 마음속에서 해결해야 합니다. 지금

나는 우리 가정에서 스스로 만족하는 이런 상태를 원하는가? 아니면 새 생명, 예수 그리스도를 영접하고자 하는 갈급한 심정인가를 알아야 합니다. 왜냐하면 내가 참으로 필요한 계단을 오를 수 없기 때문입니다.

가장 먼저 자신의 죄를 인정해야 합니다. 이것은 나의 죄를 의미하지 남의 죄를 말하는 것이 아닙니다. 그리고 이 죄를 십자가 앞으로 가지고 가는 것입니다. 그 갈보리 언덕에서 기다리시는 주님께 모든 것을 맡기고 죄에서 깨끗함을 받아야 하는 것입니다.

우리가 십자가 밑에서 고개를 숙일 때, 주님이 자신을 버리고 우리를 사랑하심과 오래 참으심과 그리고 주님의 용서하시는 관용이 우리 마음속에 스며들며 우리는 차고 넘치는 은혜 속에 잠길 것입니다. 주님의 보혈의 피가 우리의 모든 '사랑하지 않는 것'과 '병든 의지'를 깨끗이 씻어주실 것입니다.

성령께서 예수님의 성품으로 우리의 마음속에 채워 주실 것입니다. 고린도전서 13장은 '예수님의 성품'이요, 그 말씀은 우리에게 거저 주시는 선물입니다. 왜냐하면 주님이 진정으로 우리의 주님이시라면 주님의 성품도 우리의 것이기 때문입니다. 이 복된 과정은 언제든지 죄가 생기려는 순간마다 또한 사랑의 결핍이 스며드는 순간마다 우리에게 절대적으로 필요한 것입니다. 그럴 때에 우리는 예수님의 보혈의 피로 깨끗하게 해 주시는 축복의 은총을 누릴 수 있는 것입니다.

이러한 모든 사실은 우리의 가정생활을 십자가의 길로 분명히 인도하여 주십니다. 거듭거듭 우리는 예수께서 우리를 위하여 그의 권리를 포기하신 것같이 우리의 권리를 포기해야 합니다. 다른 형제들이 이기적이거나 교만한 행동을 할 때, 우리는 날카로운 반응을 보일 때가 많습니다. 그러나 십자가의 길을 걸을 때, 형제의 이기주의가 나의 이기주의요, 형제의 교만을 나의 교만으로 생각해야 할 것입니다.

우리는 다른 형제들의 이러한 태도나 행위에 접하게 될 때마다 그것이 곧 하나님께서 우리를 향하여 연단하는 과정으로 받아들이고 겸손한 자세로 하나님의 섭리에 머리를 숙여야 하는 것입니다. 그러나 이 말씀은 결코 다른 형제들이 자기 멋대로 행동하는 것을 하나님의 뜻이라고 생각하는 것은 아닙니다.

정말 그런 의미가 아닙니다. 다만 우리에게 있어서는 하나님의 뜻이라고 볼 수 있다는 것입니다. 그리고 다른 형제들이 필요한 것이 있을 때 우리의 마음이 깨어져 있다면 하나님께서는 우리를 통하여 형제들을 도와주시도록 우리를 사용하실 것입니다. 분명히 우리가 부모의 위치에 있을 때, 우리는 때로 엄격한 태도로서 자녀들의 잘못을 고쳐주어야 합니다. 그러나 이런 일이 결코 자기본위나 이기심에서 생긴 언행이어서는 안 됩니다. 다만 자녀를 사랑하고 그들이 잘 되기를 간절히 바라는 마음에서 행하는 것이어야 합니다. 그러므로 우리 자신의 편리나 권리는 언제나 포기되어야 합니다. 이렇게 할 때에 비로소 예수님의 사랑이 우리 안에 충만하게 넘칠 것이요, 우리를 통해서 주님의 사랑을 내 형제들에게 표현할 수 있는 것입니다.

우리가 갈보리 언덕에서 우리 자신을 산산히 깨뜨릴 때, 우리는 다른 형제들과의 교제를 올바로 할 수 있는 것입니다. 심지어는 자녀들과의 관계에 있어서까지 그렇게 되어야 하는 것입니다. "다른 형제와의 올바른 관계를 맺고 있는가, 그렇지 못하고 있는가"로서 우리가 깨어졌는가 깨어지지 않았는가를 알 수 있습니다.

깨어졌다는 것은 완고하고 뻣뻣한 것의 정반대입니다. 굳은 심정은 이렇게 말합니다. "그것은 당신의 잘못입니다." 내 잘못은 아니라는 것입니다. 그러나 깨어진 심정은 말합니다. "그것은 내 잘못입니다." 우리가 우리 가정에서 "그것은 내 잘못이다"라고 말할 때에 얼마나 좋은 분위기를 만들겠습니까? 그러나 "그것이 너의 잘못이다"라고 할 때에는 분위기가 얼마나 차갑겠습니까?

십자가 앞에서는 한 순간, 한 사람 밖에는 설 자리가 없음을 기억하여야 할 것입니다. "나도 잘못했고, 너도 잘못했다. 그러니 '너'와 '내'가 함께 십자가에 가보자"라고 말할 수는 없는 것입니다. 결단코 그럴 수는 없는 것입니다. 하나님께서는 당신의 행위나 말보다는 당신의 깨어진 마음을 통하여 역사하십니다.

우리는 기다려야 할지 모릅니다. 너무 오랜 세월을 기다려야 할지도 모르지요. 그러나 그것은 하나님께서 어떻게 생각하시는가를 더욱 깊이 깨닫게 해 주실 것입니다. 아무 죄도 없으신 예수께서 인간들의 모든 죄악을 바로잡기 위하여 2,000여 년 전에 그처럼 위대하신 일을 이루신 이후 예수님은 지금까지 오래도록 참고 계십니다. 그러나 하나님은 분명히 우리의 기도를 용납하실 뿐만 아니라 내 이웃의 형제들을 갈보리 언덕까지 인도하실 것입니다. 그곳에서 우리는 하나가 될 것입니다.

우리를 가로막고 있는 돌담벽은 무너질 것입니다. 갈보리 언덕 그곳에서 우리는 예수님과 다른 형제들과 함께 동행할 수 있고 서로 정결한 마음으로, 열정으로 뜨거운 참 사랑을 할 수 있을 것입니다.

죄라고 하는 것은 우리 모두가 가지고 있는 공통분모입니다. 그러므로 우리는 죄의 씻음을 받을 수 있는 예수님의 발 아래 모여서 하나가 되어야 합니다. 갈보리 언덕에서 두세 사람의 죄인이, 혹은 그 이상일 수도 있겠지만 머리를 숙여 하나가 된 그림이야말로 그리스도인의 참된 연합을 명상하여 주는 것입니다.

제7장

티와 들보

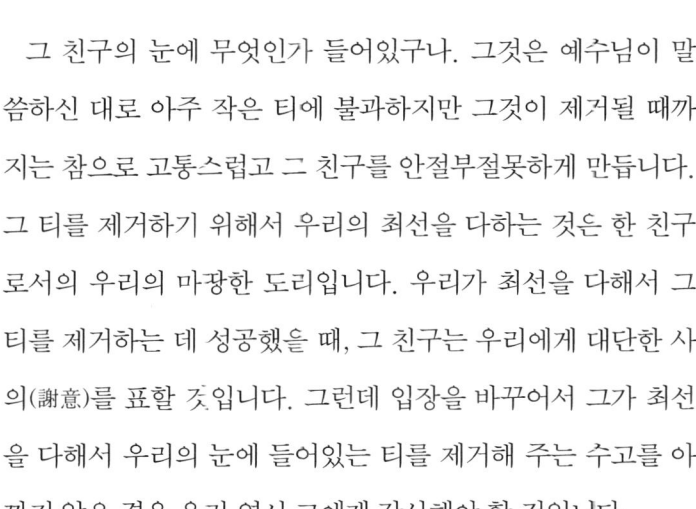

　그 친구의 눈에 무엇인가 들어있구나. 그것은 예수님이 말씀하신 대로 아주 작은 티에 불과하지만 그것이 제거될 때까지는 참으로 고통스럽고 그 친구를 안절부절못하게 만듭니다. 그 티를 제거하기 위해서 우리의 최선을 다하는 것은 한 친구로서의 우리의 마땅한 도리입니다. 우리가 최선을 다해서 그 티를 제거하는 데 성공했을 때, 그 친구는 우리에게 대단한 사의(謝意)를 표할 것입니다. 그런데 입장을 바꾸어서 그가 최선을 다해서 우리의 눈에 들어있는 티를 제거해 주는 수고를 아끼지 않은 경우 우리 역시 그에게 감사해야 할 것입니다.

　이렇게 생각해볼 때에 마태복음 7:3-5의 들보와 티에 관한 유명한 구절의 참된 뜻은 다른 사람에게 있는 허물을 제거하려는 우리의 노력을 금지하는 것이 아니고, 오히려 그 반대입니다. 즉 어찌하든지 상호간에 서로의 허물을 제거하는 수고를 아끼지 않아야 한다는 명령입니다. 그러므로 그 구절의 첫째 강조점은 비난하기 좋아하는 것을 정죄하는 데 있는 듯 합니다. 그러나 남을 비난하기 좋아하는 것이 우리에게서 제거되는 때에 "그 후에야 밝히 보고 형제의 눈 속에서 티를 빼리라"는 말로써 그 구절은 끝이 납니다. 신약의 말씀에 따르면 우리는 다른 이웃을 정성껏 돌보아 주도록 되어 있습니다. 즉 이웃의 시력을 상하게 하고, 그의 감사의 기도를 방해하는 티를 그의 눈에서 최선을 다하여 기꺼이 제거해야 하는 것입니다. 우리는 "서로 권면하고", "서로 강권하고", "서로의 발을 씻어 주며", "서로 권하여 사랑과 선행을 베풀도록" 되어 있습니다. 우리 안에 임한 예수의 사랑은 이런 방식으로 형제를 돕지 않고는 견딜 수 없게 할 것입니다.

하나님의 인도함을 받아 겸허하게 서로 권면한다고 하면 우리가 자원하는 봉사를 통하여서 무슨 축복이든지 많은 사람들에게 임하고야 말 것입니다.

하나님의 형제단의 한 남루한 스위스 사람이 산맥을 넘어 스트라스부르그에 이르렀습니다. 그는 그 도시의 유명한 설교자인 타울레르 박사의 교회를 찾았습니다. 그는 말하였습니다.

> 타울레르 박사님 당신이 하나님과 세상과 이 도시를 위해서 가장 큰 일을 할 수 있으려면 먼저 죽으셔야 합니다. 당신 자신과 당신의 재능들과 당신의 긴기와 심지어는 당신 자신의 선행에 대해서까지 철저하게 죽으셔야만 합니다. 그래서 당신이 주님의 십자가의 깊은 뜻을 깨닫게 되었을 때 당신은 하나님과 사람으로 더불어 새 힘을 얻으실 수 있습니다.

한 미천한 기독교인의 겸허한 권면은 타울레르 박사의 생애를 바꾸어 놓은 것입니다. 그는 참으로 죽는 법을 배웠습니다. 그래서 루터의 종교개혁을 위한 길을 놓는 데 크게 한 몫을 담당케 되었습니다. 마태복음의 바로 이 구절에서 주 예수는 우리가 이러한 봉사를 서로를 위해서 어떻게 할 수 있는가를 우리에게 가르쳐 주고 계십니다.

1. 무엇이 들보인가?

주 예수께서 말씀하시는 것은 우리 자신의 눈에 길다란 통나무 같은 들보가 있지만 유감스럽게도 상대방의 눈 속에서 톱밥 같은 적은 티를 빼어내려고 하는 시도가 있을 수 있다는 것입니다. 그렇지만 그러한 경우에는 다른 사람에게 있는 티를 빼어내는 기회를 갖지 못합니다. 왜냐하면 우리가 자신을 똑바로 보지 못하기 때문입니다. 어떠하든지 그렇게 하려고 시도하는 것은 완전한 위선입니다.

그러면 예수님이 뜻하는바 다른 사람의 눈 속에 있는 티란 무엇일까요? 그것은 그에게서 우리가 가려낼 수 있는 흠을 말합니다. 또한 우리에게 그가 거스려 행한 어떤 행위나, 그가 우리에 대해 취한 어떤 태도일 수도 있습니다. 그러면 주 예수께서 뜻하신 바 우리의 눈 속에 있는 들보란 무엇일까요? 내 생각에는 우리 눈 속에 있는 들보란 다른 사람의 티에 대한 우리의 비정한 반발 행위를 가리킵니다. 분명히 상대방에게는 잘못이 있습니다. 그러나 그 잘못에 대한 우리의 반발 행위 역시 잘못인 것입니다. 그에게 있는 그 티는 우리 안에서 원한, 냉정, 비판, 비통함, 악담 또는 악의 등 근본적 악인 비정의 여러 행태의 죄악들을 유발시킵니다. 그런데 주 예수께서 말씀하시는 대로 그러한 잘못은 그것을 유발시킨 사소한 잘못(어떤 때는 거의 무의식적인 것임)보다 훨씬 약한 것입니다. 헬라어로 '티'는 작은 파편 조각을 의미하고 '들보'는 서까래를 의미합니다. 이러한 비유를 들어서 주 예수께서 우리에게 가르쳐 주시고자 하는 것은 상대방의 잘못에 대한 우리의 비정한 반발은 마치 적은 파편 조각에 대해 커다란 서까래와 같다는 사실입니다. 우리는 상대방에게 손가락질을 하면서 "그건 네 잘못이야"라고 말할 때마다 우리의 세 손가락이 역으로 나를 가리키고 있음을 알아야 합니다. 하나님께서는 우리에게 잘못이 있을 때마다 여러 번 우리에게 긍휼을 베풀어 주셨습니다. 그런데 우리는 우리의 위선 가운데서 상대방의 잘못을 따지려 합니다. 그러나 그때 하나님은 우리의 가슴 속에 보다 더 악한 이 위선적인 잘못이 있음을 보십니다.

그러나 들보란 필연적으로 어떤 폭력적인 반발 행위인 것만은 아닙니다. 갓 품은 초기의 원한도 들보입니다. 이는 마치 한 가닥의 박정(薄情)한 생각이나 언뜻 내비친 비정한 비난이

들보인 것과 마찬가지입니다. 이런 들보가 우리의 시야를 어지럽힐 뿐입니다. 그래서 우리는 결코 우리의 형제를 하나님의 사랑을 받는 본래의 그 모습대로 볼 수가 없게 됩니다. 우리의 심중에 그 들보를 지니고서 우리의 형제에게 말을 건넨다고 하면 그로 하여금 우리의 형제에게 대해 똑같이 굳은 자세를 취하게 하고 말 것입니다. 왜냐하면 "너희의 헤아리는 그 헤아림으로 너희가 헤아림을 받을 것이니라"는 말씀은 곧 인간관계의 법칙이기 때문입니다.

2. 들보를 갈보리로

"먼저 네 눈 속에서 들보를 빼어라." 바로 그것은 우리가 해야 할 첫 번째 일입니다. 상대방에 대한 우리의 비정한 반발 행위가 죄임을 우리는 인식해야 합니다. 우리는 그 들보를 갈보리로 가지고 나아가 무릎을 꿇고 거기서 예수를 보며 그 죄로 인해서 주님이 무엇을 치루었는가를 알아야만 합니다. 그의 발 앞에 꿇어 엎드려 우리는 그 들보를 회개해야 합니다. 또한 새로워지도록 깨어져야 합니다. 그리고 주 예수를 전적으로 신뢰하여 그의 보배로운 피로 그 들보를 깨끗하게 하시고, 그것 대신 그분의 사랑으로 우리를 가득 채워 주시도록 해야 합니다. 우리가 그의 약속을 믿기만 하면 그는 반드시 그렇게 해주실 것이며, 또한 그렇게 하십니다. 그리고서 우리는 찾아가 우리의 심중에 있었던 죄와 그리스도의 피가 거기 갈보리에서 어떤 변화를 초래했는가를 그에게 말하고서 우리를 용서해줄 것을 요청해야 할 것입니다. 방관자들은 흔히, 아니 대로는 스스로가 심중에 이렇게 말할 것입니다.

> 우리가 고백하고 있는 죄는 다른 사람의 아직 고백하고 있지 않은 잘못보다 더 악한 것이 아니다.

그러나 우리는 갈보리에 다녀왔습니다. 그리고 갈보리의 십자가 그늘 아래서 사는 법을 배우고 있습니다. 우리는 거기서 우리의 죄를 보았습니다. 그러기에 우리는 결코 더이상 우리의 죄를 상대방의 죄와 비교할 수가 없는 것입니다.

우리가 이러한 회개의 단계들을 밟아 나아갈 때에 우리는 상대방의 눈 속에서 티를 빼낼 수 있도록 분명하게 볼 수가 있습니다. 그 순간에 상대방이나 우리가 이전에 전혀 갖지 못했던 빛을 우리에게 비춰 주셔서 다른 사람에게 도움이 되게 하십니다. 그리고 또한 우리는 이전에 우리가 그렇게 못마땅하게 여겼던 그 티가 사실상 존재하지 않고 있음을 알게 됩니다. 사실 그 티는 우리 안에 있었던 어떤 것의 투영에 불과한 것이었습니다. 다른 한편으로 우리는 스스로 거의 의식하지 못한 감추이고 숨겨진 것들을 그에게 나타내 보일 수도 있습니다. 그리고나서 하나님이 우리를 인도하시는 대로 부드럽고 겸손하게 상대방에게 권면을 해야 합니다. 그리하여 그가 그 죄된 것을 볼 수 있게 해야 합니다. 그리고 그것들을 죄를 씻는 샘으로 가지고 가서 건져냄을 발견케 해야 합니다. 그는 참으로 우리가 권면해 주는 것을 환영할 것입니다. 만일 그가 겸손한 사람이라고 하면 그는 우리에게 감사할 것입니다. 왜냐하면 우리 안에 아무런 이기적인 동기가 없고 다만 그를 위한 사랑과 관심만이 있음을 이제는 그가 알게 되기 때문입니다.

하나님께서 우리를 인도하여 다른 사람을 권면케 하실 때에 우리는 두려워한 나머지 주춤해서는 안 됩니다. 논쟁을 벌이거나 강압적인 갈투를 쓸 필요도 없습니다. 다만 하나님께서 말씀해 주신 것만을 전해주어 그에게 남겨주면 되는 것입니다. 상대방에게 자기의 허물을 깨닫게 하는 것은 하나님이 하실 일이요 우리의 일은 아닙니다. '교만하여 목이 곧은 나'를 기꺼이 굽히는 데는 시간이 걸립니다. 입장을 바꾸어서 반대로 우리가 권면을 받을 때에 변명하거나 자기의 입장을 털어놓을 필요가 없습니다. 자신의 허물을 지적해 준 상대방에게 감사하면서 그 권면을 침묵으로 묵묵히 받아들여야 합니다. 그리고나서 하나님께로 그 문제를 가지고 나아가 그분께 물어보아야 합니다. 그래서 상대방의 말이 옳았으면 그에게 가서 잘못을 고백할 만큼 겸손해야 하며, 그리하여 함께 하나님을 찬양해야 합니다. 우리가 절망적으로 서로를 필요로 한다는 것은 의심의 여지가 없습니다. 우리는 우리에게 이르는 하나님의 통금의 수단으로써 상대방을 준비해 두고 있지 않는 한 우리 자신이 결코 볼 수 없는, 눈에 보이지 않는 결점들이 우리의 전 생애에 있는 것입니다.

The Calvary Road

제8장

자원하여 종이 되겠는가?

    신약에서 가장 두드러진 사실 중의 하나는 주 예수께서 우리가 종의 낮은 지위를 택할 것을 기대하시는 것입니다. 이것은 우리의 기분에 따라 취할 수도 있고 또는 취하지 않을 수도 있는 단지 임시적인 여분의 의무가 아닙니다. 그리스도의 제자된 자가 그리스도와의 교제와 그의 생애에서 어느 정도의 거룩을 알려고 한다면 종의 지위는 그가 하나님과 그의 동료들과 맺게 되는 새로운 관계의 핵심인 것입니다. 참으로 종이 되는 데 함의된 겸손과 자신을 비우는 것(self-emptying)을 우리가 생각할 때에, 분명한 사실은 우리를 위해서 우리 주 예수께서 낮아지시고 찢기신 그의 겸비와 아픔을 깊이 묵상하면서 갈보리 십자가 그늘 아래서만 살 준비가 되어 있는 자들만이 종의 지위에 자원할 수 있다는 것입니다.

우리가 이 주제와 우리 생활에의 세부적인 개인적 적용을 다룸에 있어서 하나님께서 우리로 하여금 취하기를 원하시는 낮고 천한 지위를 이해할 수 있도록 준비시키기 위해 먼저 언급되어야 할 세 가지의 예비적 사항이 있습니다.

구약에 보면 두 종류의 종이 언급되어 있습니다. 하나는 고용살이 종입니다. 그에게는 품삯이 지급되며, 그는 자신의 권리도 소유하고 있습니다. 그런데 다른 하나는 몸종 또는 노예가 있습니다. 그는 권리도 없고 품삯도 받지 못하고 소송도 제기할 수 없습니다. 히브리인들은 자기 동족을 몸종으로 삼는 것이 금지되어 있었습니다. 단지 이방인들 중에서만 그러한 노예들을 취하는 것이 허용되었습니다. 그런데 신약에 보면, 주 예수 그리스도의 종을 뜻하는 헬라어 단어는 '고용살이 종'이 아닌 '몸종'입니다. 이는 곧 예수 그리스도의 종인 우리의 지위가 아무런 권리도 소송권도 없고 다만 주인되신 그가 원하시는 대로 취급되고 처분될 수 있는 우리 주인의 절대 재산임을 뜻합니다.

더욱이 우리는 자신이 기꺼이 몸종이 되었던 분의 몸종들이 되게 된다는 사실을 이해할 때에 우리의 신분이 어더한 것이 될 것인지를 더욱더 분명하게 알게 됩니다. 우리를 종으로 삼으시는 주 예수의 놀라운 겸허를 가장 잘 보여주는 말씀이 있습니다.

> 그는 근본 하나님의 본체(또는 형체)시나 하나님과 동등됨을 취할 것으로 여기지 아니하시고 오히려 자기를 비어 종의 형체(또는 본체)를 가져 사람들과 같이 되었고(빌 2:6-7).

그는 아무런 권리도 가진 바 없이, 오직 그가 종이 됨으로 해서 사람들을 섬기어 그들을 하나님께로 돌아오게 할 수만 있다면 아버지 하나님의 뜻과 인간의 사악함이 결정짓는 대로 기꺼이 취급되기를 자원하신 것입니다. 그래서 당신과 나는 과거에도 그리고 지금도 항상 일개 몸종이신 그분의 몸종들이 되어야 합니다. 그분의 성품은 언제나 겸비 뿐이요 그분의 행동은 자신을 낮추어서 자신의 피조물들을 섬기는 것뿐입니다. 그렇다면 우리의 참된 지위는 얼마나 낮은 것이겠습니까? 그리고 주 예수에 의해서 지배를 받는다고 하는 것이 무엇을 의미하는

지를 이 사실이 우리에게 얼마나 잘 보여주고 있습니까?

한 걸음 더 나아가서 우리가 생각해야 하는 것은, 우리가 주 예수께, 우리의 동료들에게 종이 된 것을 뜻한다는 사실입니다. 바울이 말했습니다.

> 우리가 우리를 전파하는 것이 아니라 오직 그리스도 예수의 주 되신 것과 또 예수를 위하여 우리가 너희의 종된 것을 전파함이라(고후 4:5).

주 예수께 대해서 우리가 취하는 낮은 종의 지위는 우리의 동료들과의 관계에서 우리가 취하는 낮은 지위에 의해서 그가 판단하십니다. 높은 희생을 치르고서 다른 사람들을 섬기는 것을 싫어한다든지, 주님이 택하신 낮아지심의 상태가 그를 섬기는 데 있어서 역겨움이 된다고 하면 우리는 주 예수와의 교제에서 우리 자신을 열외시키고 마는 것입니다.

우리는 이제 이러한 사실을 보다 더 개인적으로 우리 자신의 생활에 적용시켜야 할 입장에 놓여 있습니다. 하나님께서는 얼마 전에 누가복음 17:7-10을 통하여서 내게 말씀해 주셨습니다.

> 너희 중에 뉘게 밭을 갈거나 양을 치거나 하는 종이 있어 밭에 돌아오면 저더러 곧 와 앉아서 먹으라 할 자가 있느냐? 도리어 저더러 내 먹을 것을 예비하고 띠를 띠고 나의 먹고 마시는 동안에 수종들고 너는 그 후에 먹고 마시라 하지 않겠느냐? 명한 대로 하였다고 종에게 사례하겠느냐? 이와 같이 너희도 명령받은 것을 다 행한 후에 이르기를 우리는 무익한 종이라 우리의 하여야 할 일을 한 것 뿐이라 할지니라(눅 17:7-10).

몸종에 대한 다섯 가지 특성을 생각해 볼 수 있습니다.

첫째, 몸종은 즐거운 마음으로 그에게 겹겹이 주어지는 일을 아무런 부담감 없이 받아들여야 합니다. 비유 가운데 나오는 종은 들에서의 고된 하루 일과 외에 곧바로 그의 주인의 식사를 준비해야 했습니다. 그리고 그 위에다가 그는 식탁에서 수종들어야 했습니다. 아니 그가 자신의 식사를 먹을 수 있었을 때까지 그는 모든 일을 하내야만 했던 것입니다. 그는 아무것도 기대하지 않고서 그저 일을 하기만 한 것입니다.

우리는 사실 이러한 것을 얼마나 역겨워 합니까? 그러한 일거리가 우리에게 부과된다고 할 때에 우리의 심중에는 얼마나 빨리 불평과 원망이 싹트고 맙니까? 그러나 우리가 불평하기 시작하는 그 순간, 우리는 우리가 무슨 권리라도 가진 것처럼 행동하고 있는 것입니다. 그러나 몸종은 아무런 권리도 가진 것이 없지 않습니까?

둘째, 몸종은 이러한 일을 하여도 그것에 대한 사례를 받지 않는 것을 기쁘게 여겨야 합니다. 우리는 다른 사람들을 돕고 나서 그들이 우리의 수고를 당연한 것으로 여기어 전혀 감사의 뜻을 우리에게 표하지 않을 때, 마음속에 얼마나 많은 자기 연민의 생각을 품게 되고 얼마나 신랄하게 불평을 잘 합니까? 그러나 몸종은 그것을 달게 여겨야 합니다. 고용살이 좋은 어떤 보수를 기대할 수도 있으나, 몸종은 그럴 수가 없습니다.

셋째, 이 모든 일을 하고 나서 그는 상대방을 이기주의자라고 비난해서는 안 됩니다. 누가복음의 본문을 읽을 때, 그 주인이 오히려 이기적이고 동정심이라고는 전혀 찾아볼 수 없음을 느끼지 않을 수가 없습니다. 그러나 몸종에게서 전혀 비난의 소리를 들을 수가 없습니다. 그 종은 오로지 그의 주인의 이익만을 위해서 존재하며 그의 주인의 이기심이나 기타의 것은 그와는 아무런 상관이 없습니다. 그런데 우리는 어떠합니까? 우리는 아마 다른 사람들에 의해서 일거리가 주어지는 것을 달게 받고, 그리고 아마도 우리가 한 일에 대해서 사례받지 않는 것을 또한 달게 여길 수는 있을 것입니다. 그러나 우리는 심중에 얼마나 통렬하게 상대방을 이기주의자라고 비난합니까? 그러나 그것은 몸종의 처신이 아닌 것입니다. 그는 다른 사람들의 이기심 가운데서 모든 사람의 종되신 '그의 주님'과 자신을 새롭게 동일시하는 또 하나의 기회를 발견해야 하는 것입니다.

넷째, 우리가 더 앞으로 나가야 할 단계가 있습니다. 그 모든 일을 하고 나서, 자만이나 자찬을 할 수가 없습니다. 오직 우리는 '무익한 종'이라고 고백해야 합니다. 즉 우리는 우리 자신에 있어서는 하나님이나 인간에게 참된 유익을 주지 못합니다. 우리는 거듭 "내 안에(즉 내 육신 안에) 아무런 선한 것이 거하지 않음"과 우리가 그렇게 했을지라도 그것은 그 마음이 본질적으로 자만하고 고집스런 우리의 덕으로 하여금 자원하는 마음을 갖게 하신 오직 주 예수의 덕임을 고백해야 합니다.

다섯째, 우리 자아의 밑바닥은 마지막 단계에 의해서 완전히 넉 아웃되고 맙니다. 온유와 겸손에 대하여 우리가 지닌 것을 행하고서 우리는 우리의 하여야 할 의무를 한 것 뿐이라고 승

인해야 합니다. 하나님께서는 인간을 만드실 때 우선 그의 몸종이 되도록 하기 위해서였습니다. 인간의 죄는 단순히 하나님의 몸종이 되기를 인간이 거절한 데 있었습니다. 그러므로 인간의 회복은 오직 몸종의 지위에로의 회복일 수밖에 없는 것입니다. 그러기에 또한 인간은 그가 그 지위를 택하는 것을 동의한 경우 특별히 공로를 내세울 만한 어떤 것을 한 것이 없게 됩니다. 왜냐하면 인간은 바로 그 종의 지위를 위해서 창조되었고 구속을 받았기 때문입니다.

그러기에 이것은 십자가의 길입니다. 그것은 하나님의 천한 '몸종'이 먼저 우리를 위해 밟은 길입니다. 그러므로 그 '몸종'의 몸종들인 우리가 어찌 그 길을 밟지 않을 것입니까? 십자가의 길이 고되고 험악하게만 보입니까? 확실히 알아두어야 할 것은 십자가의 길은 유일한 오르막 길이라는 것입니다. 그 길은 주 예수께서 보좌에 도달한 길이요, 그 길은 우리 역시 영적인 능력과 권위와 풍요함의 자리에 이르는 길입니다. 이 길을 거니는 자들은 찬란하게 빛나고 행복하며 주님의 생명으로 차고 넘치는 영혼입니다. 그들은 "스스로 낮아지는 자는 높임을 받게 된다"는 말씀이 그들 주님의 경우에서처럼 자기들에게

서도 참됨을 발견한 것입니다. 이전에는 겸비는 겨우겨우 견디어낼 수 있는 성질의 불쾌한 훼방꾼이었으나 이제는 그들의 영혼의 반려자가 된 것입니다. 그래서 그들은 영원한 겸비를 아내로 맞아들인 것입니다. 그들의 영혼 속에 어두움과 불안이 스며드는 것은 오직 때때로 가끔 그들이 온유와 통회의 길에서 그녀와 함께 걷기를 즐겨하지 않은 까닭입니다. 그러나 그녀는 그들이 회개하여 그녀의 동정을 구할 때에는 언제든지 그들을 되불러 함께 동행할 준비가 되어 있습니다.

그 사실은 우리로 하여금 회개를 가장 중요시합니다. 우리가 장차 겸손하게 될 것을 단순히 결심하는 것만으로는 우리는 풍요로운 생명을 누릴 수가 없습니다. 이미 저질러졌지만 먼저 회개해야 할, 그리고 지금도 존속하고 있는 죄된 행위와 자세들이 있어야 합니다. 주 예수는 우리에게 단지 하나의 본보기를 보여주기 위해서 몸종의 형체를 입으신 것이 아니라 그가 십자가에서 바로 이 죄를 위해서 죽으시고 그 모든 죄가 씻겨질 수 있는 보혈의 샘을 마련하기 위해서였습니다. 그러나 그 보혈은 우리가 이미 저질러진 죄와 본질상 진노의 자식인 우리 자신에 대해서 회개하여 마음을 찢기 전에는 우리의 교만한 마음의 죄에 적용될 수가 없습니다. 그것은 하나님의 빛이 우리 마음속 구석구석에까지, 그리고 우리의 모든 인간관계에까지 파고들도록 한 것을 뜻할 것입니다.

또한 예수께서 종의 형체를 입으신 것은 하나님께서 우리에게 나타내 보여주시는 바 우리의 교만의 죄들이 용서함을 받기 위해서는 예수님이 하늘로부터 내려오셔서 십자가에서 죽으실 필요가 있도록 하였음을 우리가 주의하여야 함을 의미하기도 합니다. 또한 그것은 우리를 용서해 주기를 그에게 요구하는 것을 의미할 뿐 아니라 다른 사람에게도 역시 요구해야 할 것을 의미합니다. 그것은 참으로 낮아지시는 것입니다. 그러나 우리가 통회하여 찢어진 심령의 문을 통과하게 될 때에 우리는 거룩과 겸비의 고가도로의 빛과 영광 가운데로 진입하게 되는 것입니다.

제9장

어린 양의 피의 능력

 최근 우리 중에 많은 사람이 듣는 부흥회의 설교는 아주 단순한 내용으로 되어 있음을 봅니다. 그 설교의 메시지는 단순하게 하나님과 그리스도인의 성공적인 교제와 성령으로 충만하게 되는 것을 방해할 수 있는 것은 세상에 단 한 가지뿐인데, 그것은 여러 가지 형태를 가진 죄라는 것입니다. 그리고 그리스도인을 죄로부터 깨끗게 할 수 있는 것, 즉 모든 죄에도 불구하고 자유와 승리를 약속해 줄 수 있는 것은 단 한 가지뿐인데 그것은 주 예수의 피의 능력이라는 것입니다.

 그러나 우리에게 있어서 가장 중요한 것은 인간들을 위해서 그리스도의 피에 하나님이 함께 하는 강력한 힘을 주는 것이 무엇인지를 우리가 알아두는 것입니다. 왜냐하면 그래야만 그 피의 충만한 능력이 우리의 삶에서 경험될 수 있는 조건을 우리가 알 수 있게 되기 때문입니다.

성경에서 인간들을 위한 얼마나 많은 성과와 축복을 주 예수의 피의 능력 덕으로 돌리고 있는가 생각해 보십시오.

> 그의 십자가의 피의 능력으로 화평이 인간과 하나님 사이에 이루어졌습니다(골 1:20).
> 그 피의 능력으로 주 예수를 믿는 믿음을 가진 모든 자들이 죄사함과 영생을 얻습니다(골 1:14; 요 6:54).
> 그의 피의 능력으로 말미암아 사탄이 굴복됩니다(계 12:11).
> 그 피의 능력으로 우리가 모든 죄에서 늘 계속적인 씻음을 받게 됩니다(요일 1:7).
> 그리스도의 피의 능력으로 말미암아 우리가 사악한 양심의 전횡(轉橫)으로부터 자유함을 받아 살아계신 하나님을 섬기게 됩니다(히 9:14).
> 하나님이 함께 하시는 그 피의 무한한 능력으로 말미암아 가장 무가치한 자들이 하나님이 임재하시는 지성소에 들어가 온종일 거기서 살 수 있는 자유를 얻습니다(히 10:19).

그러기에 무엇이 그 피에 능력을 부여하는가를 묻는 것은 당연한 것입니다.

그 질문에 이와 같은 다른 질문, 즉 어떻게 하면 우리가 우리의 생활에서 그 피의 충만한 능력을 체험할 수 있는가를 연결 지어 생각해 볼 필요가 있습니다. 너무나 자주 그 보혈은 죄씻음, 화평을 줌, 우리의 심령 속에 삶을 주는 능력을 갖지 못하고, 또 너무나 자즈 우리 자신이 하나님의 임재와 온종일 갖는 교제를 깨닫지 못합니다.

1. 첫째 질문

"피의 능력은 어디에서?" 이 질문에 대한 대답은 그리스도의 피를 '어린 양의 피'(계 7:14)라고 아주 부드러운 표현으로 계시록에 있는 성구에 묘사되어 있습니다. 무사(武士)의 피가 아니라, '어린 양'의 피입니다. 환언하면 그리스도의 보혈에 인간을 위하여 하나님이 함께 하시는 피의 능력을 부여해 주는 것은 그 피를 흘린 분의 어린 양 같은 성품이요 그리고 그 성품에 대해 어린 양은 최적의 표현인 것입니다.

'어린 양'이라는 명칭은 성경에서 흔히 주 예수에게 붙여진 것이기보다 그의 사역을 묘사해 주고 있습니다. 우리의 죄를 위한 희생제물이 되는 것을 드러낸 것입니다. 범죄한 이스라엘 백성이 하나님과 바른 관계를 맺고자 했을 때, 어린 양의 피가 흘려지고 그리고 제단 위에 뿌려져야만 했던 것입니다. 예수는 세상 죄를 지고 가시는 하나님의 어린 양으로서(요 1:29) 사람이 바친 모든 양의 신적인 성취입니다.

그러나 '어린 양'의 명칭은 보다 더 깊은 뜻을 지니고 있습니다. 그것은 그의 성품을 묘사하고 있습니다. 그가 어린 양인 것은 그의 마음이 온유하고 겸손하며(마 11:29), 관대하고 반항하지 않으며, 언제든지 인간들의 축복과 구원을 위해서는 자신의 뜻을 성부의 뜻에 굴복시키는(요 6:38) 까닭입니다. '어린 양'을 제외하고는 누구나 인간들이 '그'에게 베풀어진 대접(?)을 거절하고 반항하였을 것이나, 그분만은 성부에게 순복하였고(빌 2:8) 우리를 위한 애정 때문에 거절하거나 반항하지 않았습니다.

인간들은 그분에게 자기들의 좋은 대로 행하였습니다. 그러나 그분은 우리를 위해서 언제든지 순종하셨습니다. 그분은 모욕을 당해도 욕하지 않으셨습니다. 고통을 당하여도 위협하지 않으셨습니다. 그의 권리들을 옹호하거나 되받아치거나 원한을 품거나 원망불평을 일체 하지 않으셨습니다. 그분은 우리와 얼마나 다르십니까? 성부 하나님의 뜻과 인간들의 사악이 어두운 갈보리를 가리켰을 때, '어린 양'은 온유하게 그것을 위해 또한 자원하여 그의 고개를 숙였습니다. 이사야가 예언하였을 때 그는 그분을 어린 양으로 보았던 것입니다.

> 마치 도수장으로 끌려가는 어린 양과 같이 털 깎는 자 앞에 잠잠한 양같이 그는 그의 입을 열지 아니하였도다(사 53:7).

채찍질, 조롱, 침뱉음, 턱 수염을 뽑힘, 골고다 언덕으로의 지친 마지막 보행, 못박힘, 나무에 달림, 옆구리를 찔림 그리고 그의 피를 쏟으심 등 이 모든 사건은 그가 어린 양이 아니었더라면 결코 있을 수 없었을 것입니다. 이 모든 저주스런 사건들은 나의 죄값을 지불하기 위한 것이었습니다. 그러기에 우리가 아는 것은 그분이 십자가에서 돌아가신 까닭으로 인해서 어린 양이신 것이요 또한 그분이 어린 양이신 까닭에 그는 십자가에서 돌아가셨다는 사실입니다.

우리는 항상 보혈 속에 담긴 이 성품을 보아야 합니다. 그리고 보혈에 대한 구절을 볼 때마다 어린 양의 깊은 겸비와 자기 포기를 생각할 수 있어야 합니다. 왜냐하면 바로 이 성품이 하나님이 함께 하시는 놀라운 능력을 피에 부여하기 때문입니다. 히브리서 9:14의 말씀은 항상 그리스도의 보혈을 그의 하나님께 대한 자기 희생과 연결지어 줍니다.

> 하물며 영원하신 성령으로 말미암아 흠 없는 자기를 하나님께 드린 그리스도의 피가 어찌 너희 양심으로 죽은 행실에서 깨끗하게 하고 살아계신 하나님을 섬기게 못하겠느뇨?(히 9:14)

그리고 바로 이 사실이 사람들을 위하여 하나님이 함께 하시는 그 능력을 피에 부여하여 주는 것입니다. 왜냐하면 이 성품이 하나님께 대해서 최고의 가치가 있기 때문입니다. 겸비, 양과 같은 성품 그리고 하나님께 우리의 의지를 복종시키는 것 등은 하나님께서 인간에게 최고로 기대하는 것들입니다.

하나님께서 첫 번째 인간을 창조하신 것도 이 모든 것을 나타내시기 위함이었습니다. 인간의 첫 번째 죄를 구성한 것은 바로 이 길을 걷기를 인간이 거절한 것이었습니다. 그리고 그 거절은 그 후로 계속하여 죄의 핵심이 되어왔습니다. 예수께서 오신 것은 이 성품을 지상에 다시 가져오기 위함이었습니다. 하나님께서 "이는 내 사랑하는 아들이요 내 기뻐하는 자"라고 말씀하실 수 있었던 것은 단순히 성부 하나님께서 예수 안에 있는 이 성품을 보셨기 때문이었습니다. 그리스도의 피가 하나님께 전적으로 보배롭고 또 인간과 그의 죄에 대해서 전적으로 효력이 있는 것은 그의 피 흘리심이 이 성품을 최고로 잘 표현해 주었기 때문이었습니다.

2. 둘째 질문

"어떻게 하면 우리의 생활 속에서 그의 피의 충분한 능력을 우리가 체험할 수 있겠는가?"를 생각해 보기로 합시다. 우리가 갈보리 언덕에서 우리를 위하여 그의 머리를 숙이신 어린양을 바라볼 때에 그를 주관하였던 동일한 성품을 소유하기를 소원하고, 또 그가 그의 뜻을 굽힌 것처럼 통화하여 우리의 목을 꺾음으로 말미암아서만이 우리의 심령은 우리에게 확실하게 대답을 줍니다. 피의 능력을 부여한 것이 바로 어린 양의 성품인 것과 마찬가지로 우리가 우리의 생활에서 피의 충만한 능력을 체험하기 위해서는 어린 양의 바로 그 성품에 기꺼이 참여하는 자가 되어야 합니다. 그런데 우리는 그의 성품에 참여하는 자들이 될 수가 있습니다(빌 2:5; 고전 2:16). 왜냐하면 그의 죽으심으로 말미암아 그 성품이 우리에게 전가될 수 있도록 되었기 때문입니다.

갈라디아서 5장에 성령의 모든 열매-사랑, 희락, 화평, 오래 참음, 자비, 양선, 충성, 온유, 절제-는 주 예수의 양같은 성품의 표현들 외에는 다른 아무것도 아닙니다. 성령은 바로 이러한 열매들로 우리를 채우기를 원하십니다.

우리가 결코 잊지 말아야 할 것은 주 예수는 하나님의 보좌로 들리워가셨지만 계시록에서 언급된 대로 그는 어린 양이시며 그는 우리 안에서 자신을 재현시키기를 원하고 계십니다.

3. 셋째 질문

"준비가 되어 있는가?" 우리는 준비되어 있습니까? 우리가 어린 양의 성품을 위해 준비되고자 하고 그 보혈이 깨끗하게 하는 능력으로 우리에게 이르도록 하기 위해서는 먼저 깨어져야 하는 단단하고 완고한 자아가 있습니다. 이 자아는 자신만을 옹호하려 하며 다른 것들을 거역해 버립니다. 우리는 우리의 죄를 씻음 받기 위하여 또는 마음에 참된 평화를 회복하기 위하여 오래 기도하는 방법이 있습니다.

그러나 우리가 우리 자신의 자아와 껍데기를 깨부수고 어린 양의 겸비에 참여하는 자가 되지 않는 한 아무런 기도의 응답도 있을 수가 없습니다. 우리가 항상 범하고 있는 모든 죄는, 교만의 자세를 취하고 있는 완고하고 깨어지지 않은 자아의 산물입니다. 그러므로 우리가 모든 죄의 근원을 기쁜 마음으로 살펴서 죄를 일으킨 잘못된 태도로 특별한 회개, 즉 항상 자신을 낮아지게 하는 회개를 통하여 고칠 때에 비로소 보혈이 주는 화평을 얻을 수가 있습니다. 이것이 의미하는 것은 예수의 겸비하심을 단지 피상적으로만 동정하려 들지 말라는 것입니다.

우리는 다만 빛 가운데 걸어야 합니다. 그리고 우리의 생활 속에 있는 어떠한 죄든지 하나님께서 들춰내는 것을 기뻐해야 합니다. 주님께서 우리의 생각에는 하찮은 작은 일들에까지도 모든 종류의 값비싼 회개와 복종의 행위를 실천하여 보일 것을 강력하게 요구받음을 깨달을 것입니다. 그러나 그것의 중요성은 그것을 바로 고쳐놓는 것이 우리의 자만심을 얼마나 크게 손상시키는가에 의해서 평가될 수 있습니다.

하나님께서는 우리로 하여금 어떤 사람에게는 잘못을 고백하거나 사죄케 하시고 어떤 때는 보상하는 행위를 실천할 것을 명하십니다(마 5:23-24). 하나님께서는 우리에게 말씀하시기를 밑바닥까지 내려가서 우리의 것으로 생각되는 모든 권리를 양도해 버리라고 하십니다(예수님은 아무런 권리도 가진 바 없었습니다. 그렇다면 우리가 가질 수 있겠습니까).

하나님께서는 또 이렇게도 우리에게 명하실 수 있습니다. 우리에게 잘못을 행한 자를 찾아가서 그에게 그 잘못을 분개한, 보다 더 큰 잘못을 고백하라고(예수님은 어떤 것도 또는 누구에게도 분개하지 않으셨습니다. 그렇다면 우리가 분개할 만한 하등의 권리가 있겠습니까?).

하나님께서는 우리를 명하여 우리의 친구들과 더불어 우리의 막힌 마음의 담벽을 헐고 그리하여 그들이 우리와 참된 교제를 나누라고 하실 수 있습니다. 이러한 모든 행위들-죄의 고백, 사죄, 보상, 권리포기, 분개한 것을 고백하는 것 그리고 마음의 문을 활짝 여는 것 등-은 낮아지는 것이요, 우리의 자만과 이기심의 일상적 태도에 대한 완전한 파기입니다. 그러나 그러한 행위로 말미암아 우리는 참된 통회를 알게 되고 어린 양의 낮아지심에 참여하는 자들이 되는 것입니다.

우리가 매사에 이를 위한 준비가 되어 있을 때, 어린 양의 피는 우리를 모든 죄에서 깨끗게 할 것이며, 정결한 가운데서 그리고 우리의 심령에 그의 평화를 누리면서 우리는 하나님과 함께 동행하게 될 것입니다.

The Calvary Road

제10장

무죄의 항변은 가능한가?

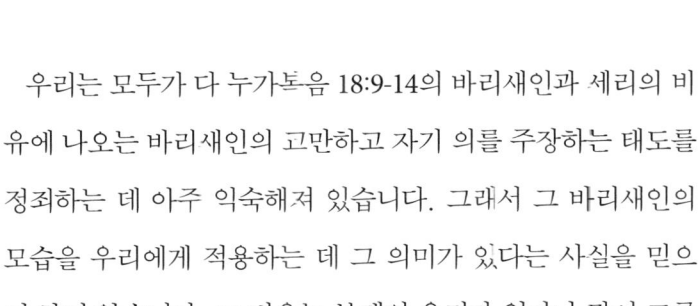

 우리는 모두가 다 누가복음 18:9-14의 바리새인과 세리의 비유에 나오는 바리새인의 고만하고 자기 의를 주장하는 태도를 정죄하는 데 아주 익숙해져 있습니다. 그래서 그 바리새인의 모습을 우리에게 적용하는 데 그 의미가 있다는 사실을 믿으려 하지 않습니다. 그 비유는 본래의 우리가 얼마나 많이 그를 닮았는가를 보여주고 있습니다.

 주일학교 여교사가 "이봐요. 친구들, 이 바리새인과 같지 않음을 우리는 하나님께 감사해야 돼요!"라는 말로써 이 비유에 관한 그의 공부를 마쳤을 때만큼 그녀는 바리새인과 같은 때가 없을 것입니다. 특별히 하나님께서 예수의 십자가를 생각하여 우리가 겸손해지기를 원하시고, 우리의 개인적인 영적 부흥을 방해하는 마음속에 있는 죄들을 드러내 보이고자 하실 때, 우리는 바리새인의 태도를 취하기 십상입니다.

1. 인간의 마음을 그려낸 하나님의 그림

하나님께서 인간의 마음에 대해서 말씀하시는 것을 배경으로 해서 우리가 생각하지 않는 한 바리새인의 태도나 우리 자신들의 진정한 잘못을 이해할 수가 없습니다. 예수 그리스도께서 말씀하셨습니다.

> 사람에게서 나오는 그것이 사람을 더럽게 하느니라. 속에서 곧 사람의 마음에서 나오는 것은 악한 생각, 곧 음란과 도적질과 살인과 간음과 탐욕과 악독과 속임과 음탕과 흘기는 눈과 훼방과 교만과 광패니 이 모든 악한 것이 다 속에서 나와서 사람을 더럽게 하느니라(막 7:20-23).

사도 바울의 갈라디아 교회에 보낸 편지에도 인간의 마음을 그려낸 똑같은 어두운 그림이 있습니다.

> 육체의 일은 현저하니 곧 음행과 더러운 것과 호색과 우상숭배와 술수와 원수를 맺는 것과 분쟁과 시기와 분냄과 당짓는 것과 분리함과 이단과 투기와 술취함과 방탕함과 또 그와 같은 것들이라(갈 5:19-21).

이게 도대체 무슨 그림입니까? 선지자 예레미야도 똑같은 증거를 더해주고 있습니다.

> 만물보다 거짓되고 (즉 마음은 인간 자신을 속이므로 해서 그는 자신을 알지 못합니다) 심히 부패한 것은 마음이라. 누가 능히 이를 알리요마는(렘 17:9).

여기에 인간의 마음을 그려낸 하나님의 그림이 있는 것입니다. 그것은 성경이 부르는 대로 불신자의 속에 있든 아니면 예민한 기독신자의 속에 있든지 간에 타락한 자아요, '옛사람'(엡 4:22)입니다. 참으로 이러한 추악한 것들이 목사, 전도사 그리고 기독교 사역자들의 마음에서부터 나올 수 있다고 하는 것을 믿기는 힘듭니다. 그러나 사실입니다. 유일한 진리는 그리스도인에게 있어서 단 하나 아름다운 분이 계시니, 그분은 예수 그리스도입니다. 하나님께서는 우리의 경험에서 그 사실을 참된 것으로 인식하기를 원하고 계십니다. 그리하여 참된 통회와 자기 절망 속에서 우리가 예수 그리스도를 우리의 의요 거룩이요 모든 것 중의 모든 것이 되는 것을 허용하기를 바라십니다. 그것이 바로 승리입니다.

2. 하나님을 거짓말쟁이로 만들 것인가?

하나님께서 인간의 마음을 묘사해 놓은 것을 대할 때에 우리는 바리새인의 소행이 어떠한 것이었음을 알 수가 있습니다.

> 하나님이여, 나는 다른 사람들 곧 토색, 불의, 간음을 하는 자들과 같지 아니하고 이 세리와도 같지 않음을 감사하나이다(눅 18:11).

바리새인이 기도하여 말할 때 그는 하나님께서 말씀하시는 모든 사람의 마음속에 있는 바로 그것들에 대해서 자기는 무죄함을 항변하고 있었던 것입니다. 사실상 그가 말한 바는 이러한 것입니다.

이것들이 다른 사람들에게는 분명히 사실이지만-이 세리는 지금도 그것들을 고백하고 있나이다-그러나 주여! 나에게만은 사실이 아닙니다.

그런데 그가 그렇게 말할 때에 그는 하나님을 거짓말쟁이로 만들어 버렸습니다. 왜냐하면 "만일 우리가 범죄하지 아니하였다 하면 하나님을 거짓말하는 자로 만드는 것"(요일 1:10)이 되기 때문이요, 또한 하나님께서는 우리가 죄를 지니고 있다고 말씀하시기 때문입니다.

그렇지만 내가 확실히 느끼는 것은 그 바리새인은 그가 한 말에 있어서 참으로 신실하였던 것입니다. 그는 참으로 자기가 이러한 것들에서 무죄하였음을 확신하고 있었습니다. 그는 또한 그가 무죄케 된 것을 하나님의 은혜로 돌리면서 말하기를 "하나님이여 감사하나이다"라고 했습니다. 그런데도 하나님의 말씀은 그를 대적하였습니다. 그러나 그는 그 사실을 알지 못했었던 것입니다.

세리가 그의 가슴을 치면서 자기의 죄를 고백하는 것은 그가 바리새인보다 더 악한 죄를 범했기 때문이 아닙니다. 단지 세리는 하나님께서 말씀하시는 것이 놀랍게도 자신에게 한 것임을 알았기 때문입니다. 그런데 바리새인은 그것을 알지 못했던 것입니다. 바리새인은 어떤 죄를 외형적으로 단절하는 것이 하나님께서 요구하시는 전부라고 생각했습니다. 그러나 그는 하나님께서 외모를 보시지 않고 중심을 보신다(삼상 16:7)는 사실을 전적으로 이해하지 못했습니다. 그리고 음욕을 간음과 동일시하시고(마 5:27-28), 형제를 원망하고 미워하는 것을 살인과 동일한 것으로(요일 3:15) 여기시며, 탐욕을 실제의 도둑질로 그리고 가정에서의 사소한 횡포를 시장터에서 행해진 바가지 씌우기만큼 악한 것으로 여기신다는 것을 그는 전혀 알지 못한 것입니다.

우리 역시 하나님께서 다른 사람들을 죄있다고 판결하실 때 그리고 또한 우리까지 유죄하다고 하셨을 때, 우리의 무죄를 얼마나 자주 항변치 않았던가? 우리는 실제에 있어서 "이것들이 다른 사람들에게는 분명히 사실이지만, 그러나 내게는 그렇지 않습니다"라고 말해왔던 것입니다. 그리고 우리는 그렇게 말할 때 아주 신실하게 말했을 것입니다. 아마도 우리는 어떤 사람들이 자신들을 낮추고 자신들이 해야만 했던 고백이나 그들의 생활에서 바로잡아야 했던 불미스런 것들로 인하여 자기들을 오히려 업신여기는 것에 대해서 들어왔습니다. 또한 그들이 축복을 받았을 때에 순수하게 기뻐하기도 했습니다. 그러나 그것이 어떠한 것이든지 우리는 자신에게 있어서 아무것도 통회할 것이 없음을 느낍니다.

사랑하는 형제들이여! 우리가 무죄하다고 느끼거나 통회할 것이 없다고 생각한다면 그것은 이러한 죄악들이 우리 심령에 없어서가 아니고 우리가 그것들을 보지 못한 연고입니다. 우리는 지금까지 우리 자신에 대한 공상의 세계에서 살아온 것입니다. 하나님께서 우리에 대하여 말씀하시는 모든 것에 있어서 그분은 참되심에 틀림없습니다. 형태는 여러 가지이지만 하나님은 우리 안에 드러나 있는 이것들을 보고 계십니다(우리가 그것들을 인식하여 하나님께 선처해 주시기를 원하지 않는 한). 무의식적인 이기심, 교만, 자화자찬, 시기, 원망, 성냄, 과묵, 두려움, 수치스러움, 부정직, 사기, 부정, 정욕 등 이 중에 하나라도 해당이 될 것입니다.

그러나 우리는 그것을 보지 못하고 눈이 멀어 있습니다. 아마 우리는 다른 사람들이 우리에게 저지른 범과(犯過)로 마음이 꽉 막힌 나머지 그리스도의 온유와 겸손으로 그것을 선처해 주지 못함으로 해서 그리스도에게 죄를 범하고 있음을 알지 못하고 있습니다. 우리는 다른 사람이 자기 자신의 길과 권리를 어떻게 원하고 있는가를 분명히 보면서도 우리 자신 역시 그에 못지않게 원한다는 사실을 까맣게 모르고 있습니다. 그렇지만 우리는 우리의 생활에 무엇인가가 결여되어 있음을 압니다.

어떻든지 우리는 하나님과 살아있는 교제를 나누지 못하고 있는 것입니다. 우리는 영적으로 힘이 없습니다. 우리의 봉사는 초자연적 능력이 없습니다. 무의식적인 죄 역시 하나님께는 죄요, 우리를 그분으로부터 멀어지게 합니다. 문제의 죄는 우리가 하나님께 기꺼이 구하기만 하면 아주 사소한 것에 지나지 않을 수도 있습니다.

인간의 마음에 대해서 하나님께서 말씀하신 바를 진리라고 우리가 인식하기를 원치 않을 때 우리가 범하게 되는 또 하나의 과오가 있습니다. 우리는 우리 자신의 무죄성을 항변할 뿐만 아니라 자주 우리가 사랑하는 자들의 무죄성까지 항변하는 것입니다.

우리는 그들이 유죄로 인정받거나 천하게 되는 것을 결코 보려고 하지 않습니다. 그래서 성급하게 그들을 변호합니다. 우리는 그들이 어떤 것도 고백하기를 원치 않습니다. 우리는 자신에 대해 공상의 세계에 살 뿐 아니라 그들에 대해서도 마찬가지입니다. 그래서 그 공상이 산산조각 나는 것을 두려워합니다. 그러나 우리는 하나님을 거스려 그들을 변호하고 있을 뿐입니다. 즉 우리가 자신을 위해서 항변하는 때와 같이 그들 때문에 하나님을 거짓말쟁이로 만들고 우리가 축복을 받지 못하는 것처럼 그들이 축복받는 것을 막아버리는 것입니다.

하나님과의 참된 교제를 뜨겁게 갈망할 때만이 우리는 하나님께 그의 모든 것을 밝히 드러내는 빛을 구하여 외칠 것이며 그 빛이 주어질 때 기꺼이 순종하게 될 것입니다.

3. 하나님의 명분을 세움

하나님과의 올바른 관계를 맺고자 하는 그 갈망은 우리를 세리에게로 인도해 줍니다. 하나님께서 우리의 마음속에 자리잡은 인간적인 심리에 대해 말씀하신 모든 것에도 불구하고 죄에 대한 세리의 고백은 단지 하나님의 명분을 세워주는 것이요, 하나님께서 그에 대해 말씀하신 바가 사실이었음을 인정하는 것임을 우리는 알 수 있습니다. 어쩌면 바리새인처럼 그 역시 하나님께서 인간에 대해 말씀하신 바가 그에게는 정말 사실이 아니었다고 믿으려 했을 것입니다. 그러나 성령께서 그에게 하나님은 올바르시고 자신은 그릇되어 있다는 사실을 보여주셨습니다. 그 세리는 그가 말한 모든 것에서 하나님을 정당화시킬 뿐만 아니라 하나님께서 그에게 내린 모든 징계하는 벌에서도 하나님을 틀림없이 정당화시킵니다. 느헤미야의 기도는 자신의 것이었음에 틀림없습니다.

> 그러나 우리의 당한 모든 일에 주는 공의로우시니 우리는 악을 행하였사오나 주는 진실히 행하셨음이니이다(느 9:33).

이 기도야말로 참된 죄의 고백이요 참된 통회의 본질입니다. 나의 죄는 단순히 실수나 넘어짐이나 나의 마음과는 거리가 먼 어떤 것(그런 생각들을 가지며 그런 짓들을 행하는 것은 나답지 않다!)이 아니라, 참된 '나'를 나타내 보이는 어떤 것이라고 하는 것이 죄의 고백입니다. 그 죄는 하나님께서 말씀하신 교만하고 썩고 불결한 것이 바로 나임을 내게 보여줍니다. 또한 그런 생각들을 갖고 그런 죄를 범하는 사람이 바로 참 '나'다운 것임을 보여줍니다.

다윗이 기도했을 때에 그는 이러한 말의 뜻으로 자기 죄를 고백했던 것입니다.

> 내가 주께만 범죄하여 주의 목전에 악을 행하였사오니 주께서 말씀하실 때에 의로우시다 하고 판단하실 때에 순전하시다 하리이다(시 51:4).

하나님이 우리를 죄 있다고 하실 때 죄를 고백하는 것이 예수를 끌어내리는 것으로 생각하여 그러한 고백을 하기를 두려워해서는 안 됩니다. 오히려 두려워하지 않는 것이 참됩니다. 왜냐하면 우리가 하나님께서 의롭다고 선언하는 이유로 인하여 그는 그러한 고백으로부터 영광을 받으시기 때문입니다. 이것은 우리를 그리스도 안에 있는 새로운 승리의 경험으로 인도합니다. 왜냐하면 "내 안에(즉 내 육체에는) 아무 선한 것이 거하지 않는다"(롬 7:18)고 분명하게 선포하고 있고, 또 그 고백은 우리의 교정할 수 없는 자신을 거룩하게 하려는 것을 단념케 하는 위치와 우리가 예수를 우리의 거룩으로 그리고 그의 생명을 우리의 생명으로 간주하는 위치로 우리를 인도하기 때문입니다.

4. 화평과 죄사함

그러나 세리는 하나님을 정당화시키는 것 이상의 어떤 것을 했습니다. 그는 제단 위에 있는 희생제물로 향하였습니다. 그리고 하나님과의 화평과 그가 행한 죄의 사함을 얻었습니다. 그것은 "하나님이여, 나를 불쌍히 여기시옵소서, 나는 죄인이로소이다"라고 그가 말한 그 말들의 문자적인 의미에서 찾을 수 있습니다. 헬라어에는 그 말이 문자적으로 "하나님이여 나와 화목되소서. 죄인입니다"라는 뜻으로 되어 있습니다. 유대인이 알고 있는, 하나님과 화목할 수 있는 유일한 방법은 희생제물을 통한 것입니다. 십중팔구는 세리가 기도하던 바로 그 시간에 상번제(매일 드리는 번제)가 성전에 있는 제단에서 드려지고 있었던 것 같습니다.

우리의 경우에 있어서도 마찬가지입니다. 어떤 사람이든지 하나님께서 어린 양의 피를 흘리심으로 인하여 그의 죄들을 제거해 주시는 갈보리 십자가 위의 그 하나님의 어린 양을 그에게 보여주지 않고서는 이러한 통회의 위치에 이를 수가 없습니다. 우리 인간이 어떤 존재인가를 먼저 선언하신 그 하나님은 우리의 죄를 위해서 미리 준비하십니다.

예수는 세상의 시초부터 우리 죄를 위하여 죽임당하신 어린 양이었습니다. 그 안에서-그는 그 죄들을 온유함으로 감당하셨다-나의 죄는 종지부를 찍었습니다. 그리고 내가 참되게 통회하여 죄를 고백하고 그의 피를 내가 믿을 때에 그 죄는 깨끗하게 되며 사라집니다. 그리고 나서 하나님과의 화평이 나의 마음속으로 찾아들고 하나님과의 교제가 즉시 회복되고 그리고 나는 정결함 가운데서 그와 함께 동행하게 됩니다.

하나님을 정당화시켜 드리고 죄를 깨끗하게 하는 피의 능력을 볼 준비가 되어 있는 이 단순한 방법은, 이전에 결코 없었던 예수와의 밀접한 동행과 지성소에서 그와 함께 하는 영원한 거주를 우리의 손이 닿는 곳으로 가져다 줍니다. 우리가 빛 가운데서 그와 함께 동행할 때에 모든 것의 시작을 항상 우리에게 그가 보여주실 것입니다. 그 모든 것이란 그냥 놔두어 버리게 되면 그를 슬프게 하고 우리 안에 있는 그의 생명의 흐름을 억제해 버리는 것으로서 옛날의 교만한 자아의 표현입니다. 하나님은 그것을 위하여서는 심판만을 준비하십니다. 하나님께서 우리에게 지적하시는 것에 대해서 우리의 무죄함을 결코 항변해서는 안 됩니다. 언제나 우리는 기꺼이 그를 정당화하여 말하기를 "주여, 당신은 옳습니다. 그것은 바로 저를 보여주신 것입니다"라고 해야 하며 기꺼이 죄를 그에게 드리어 씻어주도록 해야 합니다.

우리가 그렇게 할 때에 그의 보혈이 계속적으로 우리의 죄를 씻어줌을 깨닫게 됩니다. 그래서 죄성(罪性)은 계속적으로 그 시초에 고침을 받으며, 예수는 그의 성령으로 계속 우리에게 충만케 하실 수 있게 됩니다. 이것은 우리가 '겸손하고 뉘우치는 영'의 사람이 되어야 함을 요구합니다. 즉 가장 작은 죄까지 간파할 수 있는 사람이 되어야 하는 것입니다. 그러나 하나님이 말씀하시기를, 그러한 사람들만이 "높고 거룩한 곳에서 그와 함께 거할"(사 57:15) 수 있는 자들이요 그리고 계속적인 영적 부흥을 체험하는 자들입니다.

그러면 우리의 선택만이 남아 있습니다. 우리의 무죄함을 항변하다가 저주받아 메마른 심령으로 하나님의 손길을 떠난 채 집으로 내려가거나, 아니면 하나님을 정당화시켜드려 예수 그리스도의 피를 통하여 화평, 교제 그리고 승리에 이르러야 합니다.

› The Calvary Road

제11장

40년 후 저자와의 개인적 회견

이 글은 데이비드 메인스(David Mains)와 로이 헷숀(Roy Hession)이 부흥(revival)에 대한 주제와 그의 저서『갈보리 언덕』(Calvary Road)에 관해 세 차례에 걸쳐 회견한 내용입니다. 그리고 이 글은 1988년 8월에 작성되었고, 같은 해 11월에 방송된 내용입니다. 특히 1988년은 일리노이 주의 휘튼 시에 있는 에어(Air) 채플(Chaple)이 희년을 맞는 해였습니다.

1. 첫 번째 회견

데이비드 메인스: 안녕하십니까? 제 이름은 데이비드 메인

스입니다. 에어 채플의 기념제가 열리는 달을 맞이하여 다시 한 번 목사님께 인사를 드립니다. '새 출발'이라는 말은 참으로 멋진 말이 아닙니까? "그것은 새로운 생명을 주입받는 것이지요." 그것이 바로 "쇠하였던 것이 다시 일어난다"라는 부흥이라는 말이 의미하는 바이기도 하고요. 이 부흥에 대한 주제에 가장 인기 있고 도움을 줄 수 있는 책 중의 하나가 이미 1950년에 출간이 되었습니다. 겨우 100페이지를 약간 넘는 『갈보리 언덕』이라는 제목의 소책자인데, 이 책은 지금도 여전히 인기가 있는 책이지요. 이 책은 복음주의자인 로이 헷숀 목사님께서 저술한 책입니다. 영국의 항구 도시인 플리머스 근처의 웨스트컨트리(West country) 출신의 바로 이 로이 헷숀 목사님께서 오늘 우리 에어 채플의 손님으로 방문하셔서, 앞으로 이틀 동안 이곳에 머물게 될 것입니다.

로이 목사님, 개인적인 부흥에 대한 경험이 어떤 것이었습니까? 우리와 함께 그 경험을 나누실 수 있겠습니까?

로이 헷숀: 여러분과 함께 부흥에 대한 문제를 다루게 되어

서 매우 기쁘군요, 왜냐하면 이 문제는 지난 몇 년 동안 제 마음을 온통 빼앗았던 문제였기 때문이에요. 저는 복음 사역을 하고 있지만 무엇보다도 교회 부흥에 관해 관심이 많고, 그에 못지않게 과거와 마찬가지로 지금도 여전히 심령이 부흥되는 경험을 가져야 한다고 생각하거든요…. 그리고 그같은 부흥은 계속되어야 할 일이기도 하고요. 현재까지 저는 복음 사역을 위해 온 시간을 다 드려 일하고 있는데, 어떻게 해서 그같이 하도록 소명을 받게 되었는지에 대해서는 간증할 것이 있습니다. 그러나 그 얘기는 이 시간에 하고 싶지 않군요. 저는 몇 년 동안 굉장히 많은 결실을 보게 되었고, 많은 사람이 회개하고 주님께 돌아왔습니다….

물론 그 대부분의 일들이 영국에서 일어났었지요. 사역에 절정을 이루다가 그 후에 제 사역이 쇠퇴해 가고, 어찌된 일인지 제가 성령의 능력과, 한때 복음을 선포하면서 느꼈던 자유와 힘을 상실한 것을 발견하게 되었습니다. 그래서 저는 제 자신의 노력을 통해 그 부족함을 채워보려고 애를 썼습니다. 그래서 저는 더 긴 시간 동안 기도했고, 더 열심히 말씀을 연구했고, 더 열정적으로 설교도 해 보았으나 모든 것이 다 허사였습니다. 그 같은 능력 부족 상태는 계속된 것이지요.

저는 그때에는 전혀 알지 못했으나, 바로 그 영적으로 쇠퇴한 상태가 됨으로써 저는 하나님의 은총을 받을 수 있는 적절한 후보자가 되었던 것이지요. 그래서 찰스 피니는 이렇게 말했습니다.

> 부흥은 항상 영적 쇠퇴를 전제하므로 만일 사람이 영적으로 쇠잔한 상태에 있음을 인정하지 않으면 개인적으로 부흥을 맛볼 후보자가 될 수 없다.

하지만 저도 영적인 쇠잔을 경험하고 있었으면서도, 여전히 그 사실을 인정하려고 하지는 않았습니다. 그러자 그 후에 하나님께서 선교사 몇 분과 우간다, 루안다 그리고 케냐 출신의 교회 지도자들을 영국에 보내주셨습니다. 그분들은 자신들이 경험한 부흥에 관해 영국의 신자들과 함께 나누려고 하나님의 보내심을 받고 우리가 있던 곳으로 급히 찾아오셨던 것이지요. 이때가 바로 1947년이었습니다.

데이비드 메인스: 그리고 그건 계속되고 있던 동부 아프리카의 부흥운동에서 온 것이었지요?

로이 헷숀: 예, 그렇습니다. 이분들은 동부 아프리카에서 일어난 부흥운동을 경험하고 돌아온 분들이지요. 이분들은 단지 영국에서 안식년을 보내려고 온 것뿐만 아니라 그들이 그같은 부흥운동을 통해 배워온 것들을 저희와 함께 나누기 위해서 온 것입니다. 그리고 그 부흥운동은 수년 동안 계속되어 왔을 뿐 아니라 오늘도 여전히 계속되고 있습니다. 그러니까 부흥이 계속된 지 50년도 더 된 것이지요. 이렇게 부흥운동은 확실히 시작되었고, 이미 눈으로 분별할 수 있는 놀라운 부흥운동이 곳곳에서 일어나고 있습니다.

그런데 이 선교사님들 자신은 이 부흥운동의 결과로 신자가 된 분들이지 이 운동의 선조는 아닙니다. 오히려 이분들은 아주 빈번하게 아프리카인들의 간증과 도전을 통해 그리스도의 복음의 축복을 만끽하게 되었는데 여러분은 제 말씀을 믿으실 수 있겠습니까? 다시 말해 이날까지 그 부흥운동은 선교사들에 의해서보다는 현지인들인 아프리카인들에 의해서 훨씬 더 많이 주도되어 왔다고 말씀드릴 수 있습니다.

데이비드 메인스: 그럼 이 부흥운동이 어떻게 로이 목사님에게까지 영향을 주게 되었습니까?

로이 헷숀: 글쎄요, 그 부흥운동이 제게 영향을 주게 된 것은 제가 개최한 크리스천 모임에 이분들을 연사들로 초대했기 때문이었습니다. 그런데 저는 이분들이 다른 사람들보다도 이 모임의 주최자인 저에 대해 더 많이 염려하고 있음을 거의 모르고 있었습니다. 그래서 그분들이 참으로 저를 충고하기 시작했습니다. 그분들은 저의 필요가 무엇인지를 알게 되자 그분들이 발견한 조그마한 사실들에 대해 저와 대화를 시작했습니다-그리고 당시에 저는 사실 영적으로 궁핍한 상태에 있었습니다. 영적으로 쇠잔한 상태에 빠져가고 있었던 것이지요.

그리고 저는 그분들 중 한 분이 "로이 목사님, 당신은 하나님 앞에서 회개해야겠어요"라고 말했을 때, 저는 "제가 뭘 회개해야 합니까?"라고 대답한 것을 기억하고 있습니다. 솔직히 말해 저는 회개할 필요성에 대해서 전혀 느끼지를 못했습니다-저는 아주 열심히 사역을 하고 있었고, 상당히 많이 기도하고 있었고, 아주 강력하게 말씀을 전하고 있었거든요. 하지만 그분들은 말했습니다.

> 글쎄요, 우리가 약간은 암시해 드릴 수 있지만 로이 목사님이 어느 부분에서 회개할 필요가 있는지를 다 알지는 못합니다. 잘 아시다시피 우리는 이제 막 로이 목사님과 알게 된 사이가 아닙니까? 그러나 이제 우리는 적어도 로이 목사님이 회개를 시작할 수 있는 한 부분을 암시해 드릴 수 있을 만큼은 충분히 아는 사이가 되었다고 생각합니다. 그리고 우리가 지적해 드릴 수 있는 한 부분이란 다름 아닌 목사님과 목사님의 사모님과의 관계입니다. 우리가 캠퍼스에 갔을 때, 목사님은 "여러분, 어서 제 차에 올라 타십시오. 몇 가지 준비를 하기 위해 다른 집으로 좀 가야 되겠습니다"라고 말했습니다. 그리고 그 집에서 우리는 목사님이 한 젊은 여인과 이야기하고 있는 것을 목격하였습니다. 그러나 우리는 목사님이 그녀에게 이야기하는 태도로는 그녀가 목사님의 비서인지 아니면 목사님의 아내인지 판단할 수가 없었습니다. 우리는 목사님에게 바로 거기에서부터 회개를 시작하라고 지적해드리고 싶습니다. 왜냐하면 우리에게

있어서 부흥은 가정에서…가장 가까운 관계로부터 시작되었기 때문입니다.

그래서 저는 그분들의 말을 마음에 두게 되었습니다. 저는 특별한 "승리의 삶을 살 수 있는" 메시지를 소유하게 되었던 것입니다. 그리고 그 메시지는 제 사역을 잠시 멈추게 만들었습니다. 그 후로 저는 그 메시지를 마음에 두게 되었고 앞으로도 그 말씀이 제게 깨우침을 주면 유동하는 빛과 같은 그 말씀에 바로 반응을 할 것이라고 굳게 마음먹고 있었습니다. 그 후에 그 유동하는 빛과 같은 말씀이 제게 다가와 제가 전에는 미처 깨닫지 못했던 부분에서 죄를 깨닫게 해 주었고, 그때 저는 회개의 길로 접어들기 시작했습니다.

물론 아내에 대한 문제로 회개를 한 것이지요-아내에 대한 제 태도에 대해 말입니다. 아시다시피 저는 자연스럽지 못한 사람이었습니다-자연스럽지 못한 사람은 함께 살기가 어려운 사람입니다. 그리고 저는 그 같은 잘못이 여러 면에서 제 아내의 잘못이 아니라, 바로 제 잘못인 것을 깨달아야만 했습니다. 그래서 저는 저의 죄를 예수님께로 가지고 나아가기 시작했습니다. 영국에서 아주 널리 잘 알려져 있는 복음전도자인 저는 '죄'를 죄로 여기는 새로운 길로, 다시 말해 회개의 길로 접어들기 시작한 것이었습니다. 그리고 역으로 볼 때, 그 빛이 제 삶에서 보여주기 시작하는 모든 것을 다루시는 예수 그리스도의 보혈 안에 있는 새로운 능력을 발견해야만 했음을 의미하는 것이었습니다.

데이비드 메인스 그리고 로이 목사님이 그 문제를 이 『갈보리 언덕』이란 책에서 아주 아름답게 다루고 계시지요. 또다시 이 책은 수년 동안 그리고 지금도 계속해서 많은 사람의 신앙에 큰 도움을 주고 있습니다. 그리고 이렇게 개인적으로 함께 이야기할 수 있도록 시간을 내 주셔서 다시 한 번 감사를 드립니다. 그 같은 투명성이 부흥의 일면이라는 데에는 어떤 의미가 있을 것입니다. 하나님께서는 로이 목사님과 함께 일하고 계시고, 그래서 목사님도 주님과 함께 일할 수 있고, 또 주님은 다른 이들과도 함께 일하실 수 있습니다. 저는 그 같은 사실에 대해 아주 감사하게 생각하고 있습니다. 우리는 아주 확고한 기반 위에서 대화를 시작해 왔고, 또 이런 사실이 제 마음을 아주 기쁘게 합니다.

로이 목사님은 『갈보리 언덕』이라는 책의 맨 앞장에서부터 계속 이 주제를 다루고 계십니다. 목사님은 그 책에서 '깨어진 마음'이란 용어를 사용하고 계시고 또 '깨어진 마음'이 항상 부흥의 첫 번째 요소 중의 하나라고 말씀하고 계십니다. 저는 '깨어진 마음'이란 단어를 사용하실 때 그 의미가 무엇인지를 정확하게 정의할 필요가 있다고 생각하는데요.

로이 헷숀: 저 역시 그렇게 하는 것이 매우 중요하다고 생각합니다. 왜냐하면 그 용어가 물론 성경-여러 곳-에 기록되어 있기 때문입니다. 성경에 마음이 깨어진 사람들과, 죄를 깊이 뉘우치는 사람들에 대한 언급이 있습니다. 그러나 참으로 그 의미를 바로 설명하지 않으면, 그 용어가 아주 이상한 의미를 지닌 언어로 변질될 수가 있습니다. 그래서 사람들이 깨어진 마음이 되려면 "많은 눈물을 흘린다거나", "무시무시한 경험을 해야 한다는" 인상을 받게 되는 것입니다. 그러나 그 용어는 다음과 같은 의미를 지니고 있을 뿐입니다. 즉 그것은 의지의 문제이지요. '깨어진 마음'이라는 말은 '완고한

마음'의 반대말입니다. 완고한 마음의 소유자는 무조건 "그건 네 잘못이야"라고 말하지만 깨어진 마음의 소유자는 "그건 내 잘못이야"라고 말합니다. 특히 어떤 사람이 자신은 옳다고 큰소리로 공언했는데도 불구하고…다른 친구들은 자신이 옳지 않다고 말했을 때 그 사람이 기꺼이 "그것은 내 잘못이야"라고 말한다는 것은 일종의 투쟁과도 같은 것입니다. 그러나 하느님께서 그의 삶을 다스리실 때, 그는 자기 동료에게 "여보게, 잘못한 사람은 바로 날세"라고 말할 수 있을 것입니다.

친구들이 또한 자기에게 잘못을 범할 수 있으나 그것은 그에게 그리 중요한 일이 아닙니다. 그러나 못된 사람은 매우 종종 친구들의 잘못된 행위에 대해 아주 고약하게 반응을 합니다-그는 친구에게 분노로, 분개함으로, 또 질투로 반응을 하는 것입니다-그리고 다른 동료들의 죄를 다른 사람들에게 공개함으로써 얻어지는 것은 아무것도 없습니다. 사실 저의 경우가 그러했습니다. 제 심령이 깨어진 마음으로 변하게 되자 저는 기꺼이 위에서 말씀드린 일들을 다 할 수가 있었습니다.

데이비드 메인스: 로이 목사님께서는-이에 대해 여러해 전에 이미 『갈보리 언덕』이란 책에서 여러 번 언급을 하셨습니다만-이 메시지를 지금까지 바꾸지 않으셨습니다. 깨어진 마음이란 우리가 단번에 처리할 수 있는 그런 유의 마음인지 아니면 계속해서 날마다 우리에게 필요한 그런 마음인지를 말씀해 주시겠습니까?

로이 헷숀: 그것은 빛이 비취면 모든 것이 드러나듯이, 우리에게 날마다 필요한 마음입니다. 하나님의 말씀은, 그분께서 빛 가운데 계시듯이 빛 안에서 생활하는 것에 대해 말씀하고 있습니다. 빛은 드러내는 역할을 하고 어두움은 반대로 감추는 역할을 합니다. 그리고 하나님의 빛이, 그분을 근심되게 하는 일과 제 안에 있는 잘못된 죄악에 비쳐 그 모든 것들이 백일하에 드러나게 될 때, 제가 할 일은 "그래요, 주님! 당신이 옳습니다. 제가 잘못했습니다"라고 고백하는 일이기도 합니다. 그리고 그것은 우리가 매일 해야할 일입니다. 그리고 우리가 그렇게 할 때, 예수 그리스도의 보혈은 우리를 날마다 깨끗하게 하실 것입니다.

데이비드 메인스: 아주 훌륭하신 말씀이라고 생각합니다. 자, 여기에 우리가 이 달의 우리 예배당의 서표(書表)로서, 목사님이 쓴 『갈보리 언덕』이란 책에서 허락을 받아 인용한 짧은 한 인용구가 있습니다. 제가 목사님을 대신해서 그것을 읽어드릴테니, 이에 대해 설명을 좀 해주십시오. 자, 그럼 읽어드리겠습니다.

> 깨어지는 것이 부흥의 시작이다. 그것은 고통스럽고 굴욕적인 일이다. 하지만 그것이 유일한 방법이다. 그것은 내가 아니라 그리스도께서 거하시는 것이다. 그리고 그리스도는 내가 머리를 숙여야 할 대상이다.

그런데 목사님, 이 말들이 의미하는 바가 무엇입니까?

로이 헷숀: 네, 깨어진 마음에 대한 이 같은 전체적인 사상이 곧은 목에 대해 말씀하시는 성경말씀과 대조를 이루고 있습니다. "목을 곧게 하지 말라"는 말씀이 구약에 나옵니다. 그리고 어떤 사람이 "그건 사실이 아니지, 네가 틀렸지"라고

고소를 당하게 되면, 그의 목이 갑자기 뻣뻣해지는 것을 볼 수 있습니다. 그런데 드디어 그가 "그건 내 잘못이야"라고 말할 때 머리가 또한 숙여지는 것을 목격하게 됩니다. 앞서 말씀드린 동부 아프리카에서 온 이 형제들은 합창단과 함께 왔었는데, 그때 한 단원이 다음과 같은 글을 썼습니다.

> 주님, 교만하고 곧은 저의 목이 숙여지게 하소서
> 저를 도우사 머리를 숙이고 죽어지게 하소서
> 갈보리에 달리신 주님을 봅니다
> 그분은 내 대신 머리를 숙이셨습니다

데이비드 메인스: 아주 훌륭한 시입니다. 주님이 우리를 위해 기꺼이 그같이 하셨지요. 저는 그리스도와 동행하는 모범적인 삶에 대해 내일 또다시 로이 목사님과 이야기를 나누기로 하겠습니다-우리의 모범이 되시는 이 주님은 자신을 낮추어 십자가에 죽기까지 하셨습니다. 여러분을 저희 예배당(에어 채플)으로 다시 한 번 초청하오니 꼭 방문해 주시기 바랍니다.

2. 두 번째 회견

데이비드 메인스: 지금 우리는 50주년 기념 방송을 시작하고 있습니다. 우리는 그의 백성을 위해 새 출발을 할 수 있도록 왕되신 하나님께서 제안해 주시는 것을 선포하고 있습니다. 우리는 바르게 행동하기 위해서 선택이 필요하다는 말씀과 함께 하나님의 백성을 위한 새로운 출발에 대한 이야기를 도처에서 듣고 있습니다. 너무도 당연한 말씀으로 생각되시지요? 여기 에어처플의 희년 기념 축제에 다시 한 번 여러분을 초대하오니 동참해 주시기 바랍니다.

청취자 여러분! 이 시간 또 뵙게 되어 매우 반갑습니다. 저는 데이비드 메인스입니다. 그리고 오늘도 로이 헷손 목사님을 모셨습니다. 저희는 로이 목사님의 책 제2장을 우리가 발간하는 월간지인 「기상나팔」(Reveille)지에 실었습니다. 저희는 2장을 흘러넘치는 잔이라 일컫고 있는데, 그것은 그리스도 안에 있는 새 생명에 대해 생생히 묘사해 주고 있습니다. 이제 목사님께서 우리를 위해 '흘러넘치는 잔'이 의미하는 바를 자세히 설명해 주시기 바랍니다. 자, 그럼 설명을 부탁드리겠습니다.

로이 헷숀: 이는 동부 아프리카의 초기 부흥의 때에 널리 통용되던 것들에 대해 표현한 것입니다. 그런데 그 같은 신앙 부흥은 비록 그것들이 여러 가지 고통스러운 변화를 겪기는 했지만 과거 어느 때보다도 더 큰 규모로 쇠잔하지 않고 계속되고 있습니다. 거기에서 '흘러넘치는 잔'이란 말이 하나의 경구(警句)가 된 것입니다. 그 말은 물론 시편 23편에 나오는 "내 잔이 넘치나이다"라는 말씀에서 인용한 것입니다. 예수 그리스도의 보혈로 깨끗하게 되고 새롭게 씻음 받은 사람에게 임하는 기쁨과 자유를 표현하기 위하여 그 경구는 과거에 사용되었던 것이고, 지금도 사용 가능한 훌륭한 경구라고 생각합니다.

그 경구는 은퇴하고 난 후 영국에서 살고 있는 나의 절친한 벗 조 처치(Joe Church) 박사에 의해 처음 사용된 것입니다. 그는 동부 아프리카의 초기 부흥 지도자 중의 한 사람이었고, 천연 원형경기장의 대형 야외 협의회(우리는 그것들을 집회라고 칭함)에서 그 문구에 대해 특별하고 생생하게 설명을 해준 일이 있습니다. 수천 명의 군중이 거기에 모여 있었을 때, 그는 어깨 위에 생명수가 담겨있는 금항아리를 이고 그 집회에 찾아오시는 예수님의 모습을 생생하게 전해주었습니다. 그리고 제 친구는 만일 그들이 성령으로 충만해야 할 필요가 있다면 그들의 손을 잔 모양으로 만들라고 제안을 한 다음, 그는 그들보고 예수님이 금항아리를 가지고 사람들이 줄지어 앉아 있는 곳으로 내려오고 있는 것을 마음으로 상상하면 주님께서 물 항아리를 비우시고 생명수로 가득 채워 넘칠 때까지 그 잔을 채우실 것이라고 가르쳤습니다.

그러나 잔을 들고 있던 어떤 자들에게는 가까이 다가가서서 그들이 들고 있던 잔 속을 들여다 보시고는 유감스럽게도 그분의 머리를 좌우로 흔드시고는 지나쳐버릴 수도 있다고 가르쳐주기도 했습니다. 그 이유는 그 잔이 얼룩져서 더럽기 때문이라는 것입니다. 그러므로 주님이 그 잔을 가득 채우시기 전에 먼저 주님은 죄의 얼룩을 깨끗이 씻어내셔야만 합니다. 그런데 가끔 보면 어떤 사람들은 "글쎄요, 이것은 죄가 아니라 저의 체질의 일부에 지나지 않는데요"라고 말합니다. 그러나 우리가 그 죄를 고백하기만 하면, 주님은 그의 보혈로 그것을 깨끗게 하시고 생명수로 정결케 하신 것을 충만하게 하실 것입니다. 그리고 그가 새로이 정결케 되었을 때, 그는 "주님을 찬양하라. 지금 나의 잔이 흘러넘치고 있노라"고 말하는 하나의 경구를 발하게 될 것입니다. 그것은 다만 그리스도의 보혈이 적용되었기 때문에 그런 것입니다.

데이비드 메인스: 로이 목사님께서는 『갈보리 언덕』이란 책의 제2장인 '흘러넘치는 잔' 부분에서 그것을 아주 잘 다루고 계십니다. 사실 우리는 앞에서도 이미 말씀드렸지만, 우리들이 발간하는 월간지인 「기상나팔」(Reveille)지에 그 내용을 실었는데, 바로 그 잡지에서 우리의 삶에 생명수를 가득 채우고 계신 그리스도에 대해 아주 상세히 묘사를 하고 있습니다…물론 죄가 있으면 주님께서도 그렇게 하실 수 없는 것이긴 하지만 말입니다.

그러나 거기에서 말씀하신 죄는 어떤 이를 죽이거나 혹은 간음을 하거나 혹은 도둑질을 하는 그 같은 커다란 죄에 대해 말씀하시는 것입니까? 아니면, 그리스도께서 그 잔을 생명수로 가득 채우지 못하도록 방해하는 매일매일의 죄에 대해 말씀을 하시는 것입니까? 그것에 대해 목사님께서 설명해 주셨으면 합니다.

로이 헷숀: 매일의 죄-크고 작은-에 대해 말하는 것입니다. 하나님이 보시기에 큰 죄와 작은 죄 사이에는 아무런 차이가 없습니다. 그리고 사실 그중 많은 죄가 행위의 죄가 아니라 반응의 죄입니다.

    어떤 사람이 나에게 나쁘게 행동을 할 수가 있으나, 그들의 행동에 대한 나의 반응 역시도 나쁠 수가 있지요. 질투나 분노나 분개와 같은 죄들은 잔을 더럽히기에 충분하고, 주님이 그 잔을 채우지 못하도록 방해할 수가 있는 것이지요. 그러나 만일 내가 그러한 것들을 죄로 고백하면 예수 그리스도의 보혈은 모든 죄에서 깨끗게 하실 것입니다.

데이비드 메인스: 오늘날 보통 그리스도인들이 죄를 정기적으로 고백하고 있다고 생각을 하십니까? 아니면, 그렇게 하는 것이 현대 그리스도인들의 사고에 다소 어색한 것일까요?

로이 헷숀: 글쎄요, 전에 그것이 복음전도자인 제게도 다소 어색하다고 느껴졌습니다. 그때 저는 회개가 성도의 삶에 꼭 필요한 부분이라고 말하지 않았습니다. 그래서 예수 그리스도의 보혈이 제게 그다지 중요한 것은 아니었습니다.

그러나 이제 그리스도의 보혈은 나의 모든 소망이고 평강입니다. 오직 예수님의 보혈뿐이지요. 그것이 나의 모든 의이고 오로지 예수님의 보혈뿐이지요. 그리고 저는 예수 그리스도의 보혈 안에 있는 능력, 아주 놀랍게 역사하는 능력이 있음을 입증하면서 살기 위해 하나님의 도움을 받으며 살고 있습니다.

데이비드 메인스: 놀라운 말씀이시군요. '흘러넘치는 잔'이라는 장에서 로이 목사님께서는 그 용어를 규칙적으로 사용하고 계십니다. 계속되는 부흥에 대해서도 언급을 하셨습니다. 그런데 지금 어떤 이들은 부흥을 한 순간의 사건으로 생각하고 있습니다.

그렇다면 목사님께서 과거에 발생한 부흥사건의 온기 속에서 몸을 녹이실 수 있다는 말이 되는데 하지만 그건 목사님이 말씀하시고자 하는 의미는 아니지 않습니까?

로이 헷숀: 네, 그렇습니다. 부흥이 계속되는 것이기는 하나, 과거의 부흥은 과거에 해당하는 것입니다. 그것은 현재의 나에게는 영향을 주고 있지 않습니다. 그러나 주님은 지금도 살아계시고 그분의 보혈은 그 능력을 결코 상실하지 않았습니다. 이 부흥운동이 계속되는 부흥에 대한 가장 큰 증거입니다. 그들은 그들의 '50주년 부흥기념일'을 맞아 최근 축하의식을 가졌습니다. 그들이 그것을 '50주년 부흥기념일'이라고 일컫지는 않았으나, 특정한 집회들이 바로 50년 후에 열리게 되었는데, 그 같은 신앙부흥이 과거와는 달리 지금 계속 일어나고 있습니다.

지금도 그 같은 부흥이 일어나는 것은 두 가지 이유 때문인데, 첫째, 그리스도의 보혈이 그 능력을 상실하지 않았기 때문이고, 둘째, 그들이 그들 편에서 기꺼이 계속해서 회개하려고 애를 쓰기 때문이지요. 참으로 제게는 존에 그들의 편지 맨 끝에 "회개하여 기뻐하고 있는 당신의 사랑하는 친구가"라는 문구를 꼭 기록했던 친구들이 있습니다.

데이비드 메인스: 참으로 멋진 말씀이시군요. 그러나 다시 목사님 개인에 관한 이야기로 되돌아가서 이야기해 봅시다. 목사님, 만일 제가 앞서 말씀드린 그 잔이라는 용어를 빌어서 생생하게 표현을 한다면 목사님께서 아주 최근에 주님께로 목사님의 잔을 들어올리셨다고 생각을 하는데요. 이 일을 언제 그리고 어떻게 하셨는지 이 방송을 듣는 사람들에게 아주 실제적으로 도움이 될 수 있도록 말씀해 주시겠습니까?

로이 헷숀: 예, 맞습니다. 주님께서 제가 참으로 미처 죄라고 깨닫지 못했던 어떤 죄를 최근에 제게 깨우쳐 주셨습니다. 하나님께서는 그렇게 역사하시는 분이기 때문에 여러분이 미처 죄라고 생각지 못한 어떤 것이 분명 죄인 것을 일깨워 주실 때가 있습니다.

저는 플리머스(Plymouth) 근처의 해변 마을에서 최근 몇 년 동안 살고 있습니다. 그리고 이 마을에는 영국에서 제일 큰 침례교회들 중의 한 교회가 있습니다. 그 교회의 담임 목사가 제 친구인데 저는 지금 이 교회에 나가고 있습니다. 저는 옛날처럼 그렇게 하루하루의 일정이 **빡빡**하지 않고…주

일도 아주 시간이 많기 때문에 최근 수년 동안 그곳에 살면서 그 교회에 나가는 것이지요.

그러나 저는 계속 그 교회에 출석을 해 오면서도 그것에 대해 감사를 하지 못했던 것입니다. 제 달씀을 이해하시겠습니까? 저는 교회 생활을 통해서 축복을 누리지 못한 것입니다. 저는 그 교회 교인들의 찬양하는 스타일이 마음에 들지 않아서 마음껏 찬양을 드릴 수도 없었습니다. 저는 "아, 그게 정통이긴 하지"라고 말을 하면서도 "이게 잘못됐고, 또 저게 잘못됐어"라고 하면서 여러 이유를 둘러댔습니다. 그러나 어느 날 주님께서 제가 그 같은 축복을 누리지 못한 그 모든 이유가 무엇 때문인지를 제게 깨우쳐 주셨습니다.

주님께서 "로이야, 너는 일선에 서야 하는데도 너는 겨우 좌석에나 앉아 있구나"라고 말씀하셨습니다. 그 후 어느 날 저는-잔치에 초청받았을 때, 상석에 앉지 말고 말석에 앉으라고 교훈하시는- 예수님의 비유에 관한 머시지를 준비하고 있었습니다. 그런데 주님께서 제게 말씀하시는 것이었습니다.

"너는 말석을 사랑했어야 했다. 왜냐하면 그래야만 거기에서 너는 나를 발견할 수 있기 때문이다. 나는 너를 위해 말석을 기쁘게 선택했으나, 너는 그것을 기쁘게 수용하려고 하지 않기에 고집을 부리고 있는 것이다."

저는 그 죄를 고백하며 그것을 주님의 보혈 아래로 가져왔습니다. 그리고 나서 저는 그 사실로 인해 제 마음이 새로워지는 것을 깨닫게 되었습니다. 또 그로 인해 저는 제 삶 속에 있는 다른 몇 가지 죄들을 추적할 수가 있었고 생각지도 않은 자아의 모습을 볼 수 있게 되었습니다-그 모든 것들이 죄입니다-그러나 주님의 보혈은 결코 능력을 상실하지 않았고, 여전히 굉장한 힘을 보유하고 있으며, 또다시 그리스도의 복음의 충만한 축복으로 나를 이끌기에 충분합니다.

데이비드 메인스: 로이 목사님은 설교하신 대로 사시지 않습니까? 하나님의 축복이 목사님에게 임하시길 빕니다. 목사님을 이렇게 모시게 된 것을 아주 기쁘게 생각하고 있습니다. 목사님께서는 일찍이 단지 개인적인 신앙부흥뿐 아니라 그것을 초월하는 부흥을 경험하신 일이 있으시지 않습니까?

이제껏 목사님께서 아주 많은 사람이 경험하는 부흥과, 수많은 사람의 잔이 흘러넘치는 그 같은 자리에 참여하시지 않았습니까?

로이 헷숀: 그래요, 하지만 저는 성공하려고 노력하고 애쓰는 것을 주저하는 편입니다. 왜냐하면 그렇게 하는 것을 저는 죄로 인정하는 경향이 있거든요. 그리고 만일 제가 성공에 대해 지나치게 생각하게 되면 그로 말미암아 하나님이 주신 놀라운 능력은 더 이상 그 역사하는 힘을 잃을 뿐 아니라 중지되고 말 것입니다.

저는 사람들이 더욱 빈번하게 성공을 인식하지 못하는 이유 중의 하나가 그들이 그것을 너무 지나치게 원하기 때문이라고 생각을 합니다. 성공은 예수님을 소유하는 것으로 그리고 예수님 안에 있는 것으로 족한 것이어야 합니다. 그러면 주님께서 다른 사람들에게까지 넘쳐흐를 수 있는 힘을 알아서 주실 것입니다.

데이비드 메인스: 참으로 아름다운 말씀이시군요. 목사님의

대답은 언제나 훌륭하십니다. 그런데 목사님! 한 가지 더 묻고 싶은 것이 있는데요. 목사님께서는 이 개인 부흥의 주제를 아주 쉽게 말씀하시는 것 같은데요. 그것이 참으로 복잡한 것이 아니라는 말씀이신가요?

로이 헷숀: 그것은 복잡한 것이 아닙니다. 또 우리는 참으로 성경에서 발견할 수 있는 내용 이외의 것은 소개할 필요도 없습니다. 요한일서 1:7에 보면 이런 말씀이 있습니다.

> 저가 빛 가운데 계신 것같이 우리도 빛 가운데 행하면 우리가 서로 사귐이 있고 그 아들 예수의 피가 우리를 모든 죄에서 깨끗하게 하실 것이요(요일 1:7).

요한의 서신에서 빛과 어두움은 선과 악에 대한 모호한 동의어가 아닙니다. 빛은 오히려 단순히 드러내는 것이고 어두움은 감추는 것입니다. 그리고 하나님은 빛이십니다. 즉 모든 것을 드러내시는 분이십니다. 그리고 만일 우리가 그분의 빛 가운데 생활하도록 준비되고, 그분의 빛이 죄로서 드러내는 것에 대해 "여"라고 긍정만 하면, 우리는 계속 빛 가운데서 생활할 수 있을 것입니다. 그리고 만일 우리가 단순히 바르게 생활할 수 있도록 준비되고 "예, 주님, 당신이 옳습니다. 그 문제에 대해 제가 틀렸습니다"라고 말한다면 예수 그리스도의 보혈이 모든 죄에서 우리를 깨끗하게 하실 것이고 우리가 죄를 죄라고 칭할 때, 예수님의 보혈이 우리에게 역사하는 것 이상으로 하나님과 더 바른 관계에 있을 수 있지 않겠습니까?

계속 그렇게 행해 보십시오. 그러면 여러분은 계속 기뻐할 수 있으실 것입니다.

데이비드 메인스: 로이 헷숀 목사님, 감사합니다. 여러분, 그럼 내일 다시 함께해 주십시오. 그러면 우리는 매일의 세상에서 그리스도와 함께 생활하는 이 소중한 특권을 더욱더 잘 개발하는 비결을 배울 수가 있을 것입니다.

3. 세 번째 회견

데이비드 메이스: 하나님께서 목사님이 쓰신 책에 있는 이런 내용들을 통해 독자들을 축복해 주시려면 독자는 마음에 깊은 열망을 가지고 그 내용들을 대해야 한다고 하셨는데요. 독자는 일반적으로 교회의 상태와 특히 자신의 상태에 대해 불만족스러운 마음을 가져야 하겠지요.

저는 목사님 책의 다른 많은 부분에서도 그런 내용을 읽을 수가 있었습니다. 왜 그와 같은 신앙의 부흥이 이러한 불만스러운 마음과 함께 그토록 자주 시작이 되는 것일까요?

로이 헷숀: 네, 그 질문이 거의 그 대답이나 마찬가지입니다. 실제로 여러분이 계속 여러분의 아내가 만들어준 요리를 즐기려면 여러분은 좋은 식욕, 즉 배고픔을 느껴야만 합니다. 그러기 위해서 아마 여러분은 다른 사람들이 해 준 요리를 먹어본 불행한 경험을 약간은 해 보고 여러분의 입맛을 만족케 해주는 요리사(아내를 가르키는 말임)에게로 되돌아 와야만 하는 것입니다. 그러므로 여기서도 이치는 똑같습니다.

은혜는 강물처럼 흐르고 있고 다른 수많은 것이 보충되고 있습니다…그런데도 여러분은 배가 고픕니다. 여러분은 여전히 궁핍한 가운데 있는 것입니다-저는 여러분에게 그러한 시간이 제가 하나님의 축복을 받았던 때였음을 말씀드리고 싶습니다. 저는 경건의 시간을 갖기 위해 하나의 의무로서 성경을 읽었던 시간에는 하나님의 축복을 받지 못했습니다. 오히려 저의 감정이 악화되었을 때, 그 시간이 바로 하나님의 말씀이 제게 생생하게 임하던 시간이었습니다! 그래서 저는 반복해서 주님께 말씀을 드려야 합니다.

"저는 당신께 무언가 말씀드리고 싶습니다.
전 지금 영적으로 개우 좋지 못한 상태에 있습니다"
그러면 주님은 말씀하십니다
"그래, 뭘 더 원하지?"
그러면 저는 말씀을 드립니다.
"네, 마음이 평안하질 않아서 그래요"
그러면 주님은 또 말씀해주십니다.
"뭘 더 원한다고? 내게 나아오너라.
그러면 내가 모든 것을 자유롭게 해 주리라."

그리고 제가 그처럼 주님께 나아가게 되면 하나님의 은혜가 저를 만족케 합니다. 그 이유는 제가 그와 같은 위치에 있음을 인정할 때, 실제로 저는 사랑하는 우리 주님의 그 놀라운 사랑을 받을 수 있는 후보자가 되기 때문입니다. 하나님의 은혜는 우리의 죄나 범죄를 초월하는 것입니다.

은혜는 신실한 자들에 대한 그분의 보상이 아니라, 공허하고 연약하고 실수 많은 자들에 대한 그분의 선물입니다. 제가 그렇게 생각하고 있으면 저는 바로 하나님의 축복을 받을 수 있는 존재가 되는 것입니다.

데이비드 메인스: "은혜가 목사님을 만족케 만들어 주셨다"는 그 말씀에 대해, 아직 은혜가 어떤 것인지를 알지 못하는 분들을 위해 목사님께서 말씀하시는 의미가 무엇인지를 좀 설명해 주시기 바랍니다.

로이 헷숀: 은혜는 하나님께서 베풀어 주시는 과분한 호의이며 만일 여러분이 하나님의 은혜를 받을 만한 자격이 없는 자가 아니라면 여러분은 그것을 받을 후보자가 되지 못하는

것입니다. 여러분은 은혜에 대해 너무 낙심하게 되거나 그것을 받을 수 없을 만큼 악한 자가 될 수는 없습니다.

바로 그것이 예수께서 그분의 영광을 얻으시는 자리이기도 합니다. 선한 신자들이라서 주님이 등을 두드려 주시는 것이 아니라 실패하지만 그래도 주님이 회복시켜 주시는 것입니다.

데이비드 메인스: 참으로 아름다운 말씀이십니다. 목사님은 이 책에서 주님께서 말씀하신 비유에 등장하는 독선적인 바리새인과 그와는 정반대인 세리에 관한 말씀하셨는데요. "무죄의 항변은 가능한가"라는 장(章)을 기억하고 계시지요?

로이 헷숀: 예, 기억합니다. 우리 모두가 자연스럽게 그렇게 항변하고 있지요. 우리는 자연스럽게 우리 자신을 정당화하고 있습니다. 그러므로 우리는 하나님께서 의롭다고 인정하시는 자들이 아닌 것입니다. 하나님께서 경건치 않은 자들을 의롭다고 하신 말씀을 들어야 합니다. 일찍이 이 말씀보다 더 분명하게 모순되는 말씀을 들어본 일이 있으십니까?

하나님은 경건치 않은 자들을 의롭다고 하시는 분이십니다! "의인은 의롭다 하고 악인은 정죄해야 한다"(신 25:1)고 지상의 재판관들에게 명령하신 주님께서 여기에서는 바로 그 말씀과 정반대되는 말씀을 하고 계십니다.

> "나는 나의 은혜의 법정에 좌정해 있노라. 그것은 경건치 못한 자들을 의롭다 하기 위해서란다."

이렇게 주님은 그들이 잘못되었음을 인정하는 자들을 의롭다고 선언하십니다. 그리고 보십시오. 그분은 잘못된 자극을 대신하려고 전보다 더 강한 자극을 주고 계십니다.

데이비드 메인스: 따라서 모든 자아가 부흥에 장애물이 되는 것이 아닙니까? 그것이 이기심이든, 자기 노력이든, 자기 탐익이든, 자기 연민이든, 자기 의이든 말입니다.

로이 헷숀: 그렇습니다. 방금 언급하신 모든 것이 자아와 함께 시작되는 것들이지요. 그 모든 것이 죄된 것들이고, 죄(sin)

라는 단어의 중앙 글자가 바로 '나'(I)라는 말은 아주 중요합니다.

데이비드 메인스: 아무튼 자기 자아를 초월하는 것 그게 큰 문제잖습니까? 불만족-그것은 좋은 것 같습니다. 우리가 만족하지 못하게 될 때, 그 이상의 것을 갈망하게 되고 하나님께서는 우리의 그와 같은 갈망을 채워주시니까요.

만일 우리에게 아무런 불만이 없다면 우리는 그 이상의 어떤 것도 갈망하지 않을 것입니다.

로이 헷숀: 글쎄요, "저는 갈망한다"는 말을 별로 좋아하지 않습니다. 왜냐하면 그 말은 마치 우리가 더 나은 존재가 될 수 있다는 말처럼 들리기 때문입니다. 우리가 공허해지고, 우리가 불만을 가지고 있으니까 실패자라고 고백하는 자들을 위해 선한 어떤 계획을 가지고 계신 주님에게로 우리가 나아갈 수가 있는 것입니다.

데이비드 메인스: 저도 그 말씀에 동의합니다. 그 말씀은 틀린

것을 바로잡아 주는 아주 훌륭한 말씀입니다. 목사님의 저서인 이 책은 부흥에 관한 책으로 그 부흥이란 단어가 많이 사용되고 있습니다.

그러나 목사님은 부흥의 진행경험(ongoing experience)을 감정적으로 고조되는 것과 동등한 것으로 보지는 않으신 것 같습니다. 부흥이 감정적인 것인지 그에 대해 말씀해 주시겠습니까?

로이 헷숀: 물론 인생은 감정으로 가득 차 있습니다. 슬플 때가 있는가 하면, 기쁠 때가 있고, 또 고함을 쳐야 할 때도 있습니다. 그러나 우리에게는 고함을 치고 찬양을 해야 할 충분한 이유가 있습니다. 그것은 제가 필연적으로 사람들이 고함치는 것을 원하기 때문이 아니라, 그렇게 고함을 쳐야 할 충분한 근거가 있기 때문입니다.

하나님의 은혜를 경험하게 되면 나의 의(義)는 예수 그리스도의 인격을 통해 하나님 앞에서 절대적으로 반론의 여지가 없는 것이 되고, 예수님의 보혈에 의해 지성소에 들어갈 수 있는 담력을 소유하게 되고, 내가 몸부림치고, 애쓰고,

슬퍼해야 할 필요가 없음을 깨닫게 됩니다. 바로 그것이 찬양할 만한 가치가 있는 일인 것입니다. 그런데 그것은 단순히 설명 불가능한 감정이 아닙니다. 바로 그 점이 제가 말씀드리고자 하는 핵심입니다. 우리에게는 이렇게 기뻐해야 할 충분하고도 타당한 근거가 있습니다.

데이비드 메인스: 참으로 잘 말씀해 주셨습니다. 목사님의 답변은 참으로 훌륭하십니다. 그럼 잠시 예수님의 보혈에 관해 말씀을 나누어 보실까요? 목사님도 이 책에서 반복해서 보혈에 대해 언급하셨던데요.

저는 보통 사람들이 매일의 삶과 관련하여 그리스도의 보혈의 가치를 의식하고 있다고 확신하고 있지 않습니다. 목사님께서는 그리스도의 보혈이 목사님의 삶 속에서 역사하고 있음을 의식하십니까? 매일의 삶을 기초해서 말입니다.

로이 헷숀: 그래요, 아주 중요한 질문을 하셨다고 생각합니다. 예수님의 보혈이 의미하는 것이 무엇입니까? 어떤 이들은 보혈에 관한 설교를 들을 때, 약간 점잔을 뺍니다. 그리고 보

혈에 관해 찬양하자는 제안을 받게 되면 그들은 그들의 열정을 상실해 버립니다. 그 이유는 어떤 이들은 보혈을 바라보는 순간 더 이상 견딜 수가 없기 때문입니다. 간호사가 처음으로 수술에 참여하면 아마 그녀는 졸도해 버릴 것입니다. 그러나 신자는 항상 예수 그리스도와 보혈 안에서 하나님의 영광을 찬양합니다.

이제 그것은 무엇을 의미합니까? 구약성경에는 유명한 한 사건, 즉 유월절 사건이 기록되어 있습니다. 어린 양을 취해 그것을 잡아서 그 피를 문설주에 바른-양을 잡았을 뿐만 아니라 그 피를 뿌린-구별한 유대 가정이 있는 곳을 제외하고는 모든 집에서 모든 초태생이 죽었습니다. 왜냐하면 하나님께서 "내가 그 피를 볼 때 너희 위를 지나가리"라고 말씀하셨기 때문입니다. 어린 양을 잡아 그 피를 뿌리는 것에 대해 말씀하신 교훈 속에 이런 말들이 기록되어 있음을 주목하시기 바랍니다. "그리고 그 피가 너희에게 하나의 증표가 될 것이다." 어떤 증표입니까? 분명히 중요한 것은 물리적인 피가 아니었고, 피가 증표였다는 것이었습니다. 그 증표가 무엇입니까? 그것은 심판이 만족하게 이루어졌다는 증표였습니다. 하나님께서는 "심판이 이 모든 집에 임하고 있다"라고 말씀하셨으나, 보혈은 "어린 양이 죽임을 당했기에 장남에게 임해야 할 심판이 어린 양에게 임했으므로 두 번 다시 심판이 임할 수 없다"라고 말합니다. 그래서 보혈은 심판을 만족하게 이루었다는 사실에 대한 하나의 증표인 것입니다.

그것은 다음과 같이 아주 단순합니다. 보혈은 항상 그리스도의 완성 사역에 대해 갈하고 있습니다. 우리가 즐겨 부르는 찬송 중에 이런 찬양이 있습니다.

> 죄인의 친구이신 예수
> 주님 안에 우리 자신을 숨깁니다.
> 하나님은 주님이 뿌리신 보혈을 보십니다.
> 보혈은 우리의 유일한 보증입니다.

그렇습니다. 보혈은 우리가 마땅히 지불해야 할 모든 심판이 이미 만족하게 이루어지고 성취된 것에 대한 하나의 증표입니다.

데이비드 메인스: 아멘, 그리고 그것은 매일의 삶을 기초로 한 우리의 삶에 있어서 사실이지 않습니까?

로이 헷숀: 예, 참으로 그렇습니다! 우리에겐 단번에 흘려주신 주님의 보혈이 있습니다. 그러나 우리는 믿음으로 그 보혈의 뿌림을 받고 모든 것에 대해서 보혈을 내세웁니다. 그러나 만일 보혈이 아니었더라면 우리는 하나님과 교제할 수도 없었을 것입니다.

데이비드 메인스: 좀 실례되는 질문인데 지금 목사님 연세가 어떻게 되십니까?

로이 헷숀: 여든입니다.

데이비드 메인스: 목사님 연세가 여든이시면 이 책이 1950년에 쓰여졌으니까 꽤 오래 전이군요. 목사님이 이 책을 쓰실 때 하나님께서 그의 백성 중에서 행하고 계시던 일에 관해 낙관적이셨지요.

지금도 목사님은 하나님께서 행하시는 일에 대해 낙관적이신가요?

로이 헷숀: 예, 저는 하나님께서 제가 쓴 이 책을 사용해 오신 것처럼 그 책을 사용하실 것이라고는 미처 알지 못했고 또 생각지도 못했습니다. 저는 아주 깜짝 놀랐습니다. 제가 놀란 것은-이 책 때문이 아니라-주님께서 행하신 일과 하나님의 성도들의 영적인 굶주림 때문이었습니다.

그들이 전에는 그렇지 않았지만 지금은 영적으로 굶주려 있기 때문에 저는 남은 여생, 사람들을 '갈보리 언덕'으로, 주님의 보혈이 있는 곳으로, 자유와 신앙의 부흥으로 인도하며 살고 싶습니다.

데이비드 메인스: 아멘, 그리고 이 책이 계속 인기를 끄는 것은 사람들이 여전히 목사님의 메시지, 즉 그리스도와 그의 보혈에 관한 메시지를 듣고 있다는 좋은 징조입니다. 목사님과 함께 이곳에서 말씀을 나눌 수 있게 되어 얼마나 기쁜지 모릅니다. 지난 3일 동안 목사님과 대화하게 된 것은 영광스러

운 일이었습니다. 그런데 세 번의 대담 시간이 너무 빨리 지나가 버렸습니다.

마지막으로 목사님께 묻고 싶은 것이 있습니다. 결론적으로 우리가 지금까지 말해 온 부흥에 관해 간단히 정리해서 말씀해 주신다면 어떤 말씀을 해 주실 수 있겠습니까?

로이 헷숀: 글쎄요, 먼저 부흥은 개인으로부터 시작되어야 합니다. 다른 사람이 아니라 나부터 말입니다. 다른 사람이 아니라 나부터 말입니다. 다른 사람도 잘못을 범할 수 있지만 아마 그 잘못에 대한 나의 반응에 있어서 나 역시 잘못을 범할 수 있습니다. 그러므로 나에 관한 한 부흥은 나로부터 시작해야 하는 것입니다. 다음으로 저는 "부흥은 언제나 영적 쇠잔을 전제한다"라고 말한 피니의 말을 반복할 필요가 있다고 생각합니다. 따라서 영적으로 쇠잔한 상태에 있음을 가장 잘 인정하는 사람이 부흥을 맛볼 수 있는 보다 적합한 후보자인 셈이지요. 부흥은 내가 궁핍한 상태에 있음을 인정하는 데서 시작하는 것입니다.

저는 부흥이란 푸른 초장의 골짜기가 더 푸른 골짜기가 되는 것이 아니라, 마른 뼈들이 강한 군대로 서게 되는 것임을 강하게 주장하고 싶습니다. 다시 말해 부흥은 훌륭한 신자가 더 훌륭한 신자가 되는 것이 아니라 "저는 마른 뼈와 같은 자입니다"라고 고백할 준비가 되어 있는 자가 다시 살게 되는 것입니다. 저는 사람들이 그 같은 사실을 인정하고 그들의 심령이 깨어져서 다음과 같이 고백하고 있다는 소식을 들었습니다.

저는 마른 뼈로 가득한 골짜기 같은 자입니다. 저는 목사입니다.
하지만 저의 마음은 마른 뼈로 가득한 계곡과 같습니다.

형제여, 여러분이 그것을 고백할 준비가 되어 있는 것에 대해 주님을 찬양합시다. 여러분이 단지 그 사실을 인정하기만 하면 여러분은 주님께 요구할 자격을 얻게 될 것입니다.

주님은 여러분이 단지 실패자인 것을 인정하기만 하면 여러분에게 속하실 것입니다. 죄에 대해 전문가이신 그분은 다름 아닌 예수님이십니다. 이 죄에 대한 부분, 바로 이 부분에서 그분은 탁월하십니다. 여러분이 그러한 부분을 차지하게 될 때, 여러분은 은총을 받아 누릴 후보자가 되어 결코 실망하게 되지 않을 것입니다.

데이비드 메인스: 다시 한 번 목사님의 책의 내용과 아주 유사한 말씀을 듣게 되는군요. 날마다 세상 속에서 그리스도와 함께 생활하는 것은 참으로 멋진 모험입니다.

갈보리 언덕 The Calvary Road

2004년 3월 13일 초판 발행
2016년 10월 7일 초판 4쇄 발행

지은이 | 로이 헷숀
옮긴이 | 장기순
펴낸곳 | 사) 기독교문서선교회
등 록 | 제16-25호(1980. 1. 18)
주 소 | 서울시 서초구 방배3동 983-2
전 화 | 02) 586- 8761~3(본사) 031) 923-8762~3(영업부)
팩 스 | 02) 523-0131(본사) 031) 923-8761(영업부)
홈페이지 | www.clcbook.com
이메일 | clckor@gmail.com
온라인 | 국민은행 043-01-0379-646, 기업은행 073-000308-04-020
　　　　예금주: 사)기독교문서선교회

ISBN 978-89-341-1208-2 (03230)

* 낙장·파본은 교환해 드립니다.